Inhalt

Vorwort

Die Low-Carb-Alternative – Klassiker neu interpretiert

Glutenfrei, vegan, vegetarisch oder nur noch Rohkost? Das Thema Ernährung hat sich mittlerweile zu einer echten Wissenschaft entwickelt und die verschiedensten Ernährungsformen werden jeweils als Königsweg zu einem gesünderen, fitteren, jüngeren und schlankeren Selbst gepriesen. Ob Verzicht auf tierische Produkte, Klebereiweiße oder eine rein auf Früchten oder Rohkost basierte Ernährungsform, eines haben alle diese Ansätze meist gemeinsam: Sie sollen uns eine gesündere Alternative zu unserer bisherigen Ernährungsweise bieten, um uns mehr Kraft und Energie zu schenken. Häufig spielt aber gerade auch das Körpergewicht eine entscheidende Rolle bei der Entscheidung für eine Ernährungsumstellung. Der neue Speiseplan soll dabei helfen, dem Übergewicht nicht nur den Kampf anzusagen, sondern es ein für alle Mal in den Griff zu bekommen. Ein ernst zu nehmender Gegner hierbei ist der gleichermaßen bekannte wie gefürchtete Jo-Jo-Effekt, den es bei Diäten zu überlisten gilt. Schließlich kennt jeder das enttäuschende Phänomen, nach einer Diät schnell wieder zuzunehmen und vielleicht sogar noch mehr unerwünschte Pfunde auf den Rippen zu haben als vorher.

Besonders wichtig ist es darum, sich nicht nur für eine Crash-Diät zu entscheiden und sich lediglich ein paar Wochen in Verzicht zu üben, um danach zu alten Lastern zurückzukehren, sondern eine dauerhafte, gesunde Ernährungsumstellung zu wählen, die mehr Energie und Vitalität schenkt und die überflüssigen Pfunde ohne großen Verzicht und Heißhunger purzeln lässt.

Doch wie soll das funktionieren? Wie kommt man ganz ohne Verbote und Hungern, sondern allein durch gesündere Alternativen zu einem fitteren, schlankeren Lebensstil?

Die Antwort: Achten Sie auf Ihren Kalorienbedarf und reduzieren Sie die Kohlenhydrate – Low-Carb ist das Stichwort dieser Ernährungsform!

In diesem Ratgeber erfahren Sie, welche positiven Auswirkungen die Low-Carb-Ernährung auf Ihre Gesundheit haben kann und warum Sie damit sehr gut abnehmen können. Der Rezeptteil präsentiert Ihnen viele Rezepte, die Ihnen zeigen, wie man Klassiker in einer Low-Carb-Variante zubereiten kann.

Viel Spaß beim Ausprobieren der Rezepte!

Mit Low-Carb ans Ziel

Gründe für eine Ernährungsumstellung gibt es viele. Meist geht es vor allem darum, sportliche Leistungen zu verbessern, einfach etwas für die Gesundheit zu tun oder mehr Energie im Alltag zu haben. Auch störende Speckröllchen oder erhebliches Übergewicht können der Anlass sein, um über die bisherige Ernährungsweise nachzudenken. Wenn die Lieblingsjeans vom letzten Jahr oder der Bikini aus dem vergangenen Strandurlaub einfach nicht mehr passen wollen und man sich eingestehen muss, dass hieran nicht die zu heiße Wäsche schuld war, wird klar: Es muss sich etwas ändern!

Oftmals fällt die Wahl dann auf eine möglichst radikale Veränderung, die maximale Erfolge und Ergebnisse verspricht. In der Folge geht dieser Plan bei manchen auf, bei vielen Diätwilligen stellen sich jedoch bald Enttäuschung und Verdruss ein. Entweder wollen die überflüssigen Pfunde trotz maximaler Anstrengungen und quälendem Verzicht nicht purzeln oder aber das Durchhalten fällt einfach zu schwer und so kehren viele nach und nach zu alten Lastern zurück.

Wie angenehm wäre es, seine Ernährung auf gesunde Weise umzustellen, ohne dabei auf Lieblingsspeisen verzichten zu müssen? Heißhunger und Jo-Jo-Effekt hätten dann endlich keine Chance mehr und die gesunde Ernährung ließe sich auch viel leichter in den Alltag integrieren.

Die gute Nachricht ist: Diese Ernährungsweise gibt es bereits! Und man kommt hierbei ganz ohne Hokuspokus oder fragwürdige Nahrungszusätze aus: Low-Carb ist nämlich alles andere als Zauberei, sondern respektiert vielmehr auf natürliche Weise die Funktion unseres Stoffwechsels. Ganz nebenbei hilft die Low-Carb-Ernährung auch noch dabei, überflüssige Pfunde loszuwerden und zu einem gesünderen, fitteren Ich zu finden.

Wird von radikalen Diäten oder Kuren gesprochen, sind schnell auch Heißhunger, Verzicht und die Enttäuschung darüber, im Nachhinein sogar noch mehr zu wiegen als vorher, ein Thema. Echte Ernährungs-Erfolgsgeschichten beginnen jedoch nur im seltensten Fall bei Ananas-Diät, Körner-Kur & Co. Vielmehr sind es die ausbalancierten Ansätze, die sich für eine dauerhafte Umstellung auf eine gesündere und natürlichere Lebensweise eignen und im Endeffekt zu einem anhaltend schlan-

ken Körper und zu mehr Wohlbefinden im Allgemeinen verhelfen. Insgesamt immer populärer und gerade bei Fitness-Fans besonders beliebt ist dabei der Umstieg auf eine kohlenhydratarme Ernährung. Und tatsächlich belegen zahlreiche Studien, dass die Low-Carb-Ernährung wirklich die Pfunde purzeln lässt, auch etlichen Krankheiten vorbeugt und dabei hilft, sich gesünder und wohler zu fühlen. Doch warum ist das so?

Der Grund dafür, dass Low-Carb funktioniert, liegt ganz einfach in der Funktionsweise des menschlichen Stoffwechsels begründet. Wird dem Körper Zucker zugeführt, steigt der Insulinspiegel im Blut entsprechend an.

Dieser Anstieg wiederum führt dazu, dass die in Lebensmitteln vorhandenen Nährstoffe, aber auch Kalorien effizienter aufgenommen und gespeichert werden können. Werden die vorhandenen Kalorien nicht etwa für Bewegung, Wärmeproduktion oder andere lebenswichtige Vorgänge verbraucht, werden sie von unserem Körper eingelagert und für Zeiten gespeichert, in denen eventuell weniger Energie zur Verfügung steht. Ein eigentlich nützlicher Vorgang, der sich jedoch in meist unerwünschten Speckröllchen und anderen unschönen »Energiedepots« bemerkbar macht.

Zusätzlich sorgen die vermehrte Insulinausschüttung und die schnelle Nährstoffaufnahme beim Verzehr von Zucker dafür, dass der Blutzuckerspiegel nach dem Verzehr des entsprechenden Le-

bensmittels rasch ansteigt. Nach dem schnellen Ansteigen fällt der Blutzuckerspiegel jedoch genauso schnell auch wieder ab – ein Umstand, den wir selbst als rasch wiederkehrendes Hunger- oder sogar Heißhungergefühl wahrnehmen können. Besonders gut bekannt ist dieses Blutzucker-Auf-und-Ab beispielsweise in Form der unbändigen Lust auf mehr, schon kurz nachdem man etwa ein Stück Schokolade, Eis oder andere Süßigkeiten gegessen hat.

Oftmals führen diese Schwankungen von Blutzucker- und Insulinspiegel darum nicht nur zu Heißhungerattacken und dem Verzehr von zu großen Portionen bestimmter Lebensmittel, auch begünstigt die übermäßige Insulinausschüttung zusätzlich die Speicherung der Nahrungskalorien in Form von ungeliebten Speckröllchen.

Darum gilt: Wer dauerhaft schlank und fit sein möchte, muss nicht nur seinen Blutzuckerspiegel im Blick behalten, sondern auch für einen niedrigeren Insulinspiegel sorgen. Schließlich bedeutet mehr Insulin immer auch eine vermehrte Energieaufnahme und somit mehr unansehnliche Fettdepots.

»Kein Problem«, könnte man vielleicht denken. Von nun an werden einfach Süßigkeiten und Limonade vom Speiseplan gestrichen und schon klappt es wieder mit dem Blutzuckerspiegel. Doch ganz so einfach ist es nicht: Dass Zucker nur in süßen Speisen wie Schokolade, Kuchen & Co. vorkommt, ist wohl einer der verbreitetsten Ernährungsirrtümer überhaupt!

Wenn wir von Zucker sprechen, denken wir meist an herkömmlichen, weißen Haushaltszucker, der bekanntermaßen Zähnen und Figur nicht gerade guttut, aber herrlich süß schmeckt. Hinter den kleinen, süßen Kristallen verbirgt sich aber im Endeffekt Saccharose. Die Sac-

charose wiederum ist nichts anderes als ein Kohlenhydrat. Eine andere Form des Zuckers, die Glukose, umgangssprachlich auch Traubenzucker genannt, kann unser Körper sogar ganz einfach selbst aus Nahrungsmitteln, die Kohlenhydrate enthalten, herstellen. Zucker kann also viele Gesichter haben. Schließlich spielt es für unseren Stoffwechsel, Insulin- und Blutzuckerspiegel nur eine untergeordnete Rolle, woher der Zucker stammt, der die Nährstoffaufnahme- und Energiespeicherungsprozesse anstößt. Und genau aus diesem Grund kommt es bei Low-Carb eben nicht nur auf die Reduzierung der konsumierten Menge an herkömmlichem Haushaltszucker, sondern auf die Verminderung der Kohlenhydratzufuhr insgesamt an. Wer seine Ernährung auf gesunde Weise umstellen möchte, sollte darum besonders genau auf die Zusammensetzung seiner konsumierten Lebensmittel achten! Schließlich verstecken sich Zucker und Kohlenhydrate auch besonders oft dort, wo wir sie am wenigsten vermuten.

Low-Carb und Diät

Oftmals ist der Wunsch, ein paar Pfunde zu verlieren, Anlass dafür, sich mit dem Thema Low-Carb-Ernährung auseinanderzusetzen. Schließlich beginnen besonders viele Ernährungs-Erfolgsgeschichten mit der Reduzierung der konsumierten Kohlenhydratmenge. Der Grund, warum sich so viele Menschen aber nicht nur für eine zeitlich

begrenzte Low-Carb-Diät entscheiden, sondern dieser Ernährungsform dauerhaft treu bleiben, hat nicht allein etwas mit dem Körpergewicht zu tun. Neben zahlreichen gesundheitlichen Vorteilen, wie beispielsweise der Verminderung des Diabetesrisikos, stellen viele Low-Carb-Anhänger positive, im Alltag spürbare Veränderungen fest, die es leicht machen, die kohlenhydrat-reduzierte Ernährung beizubehalten. Besonders oft gehören hierzu eine positive Veränderung des allgemeinen Energielevels, also mehr Ausdauer in Sport und Freizeit, mehr Stresstoleranz, ein besseres Hautbild, weniger Verdauungsprobleme und insgesamt ein gesteigertes Wohlbefinden. Nichtsdestotrotz ist Übergewicht oder der Wunsch, etwas Gewicht zu verlieren, immer noch der vorherrschende Grund, sich für eine kohlenhydratreduzierte Ernährungsweise zu entscheiden. Um zu verstehen, warum diese Entscheidung goldrichtig ist, ist

es notwendig, die Ursachen und Zusammenhänge rund um die Themen Übergewicht, Gewichtszunahme und Gewichtsverlust zu verstehen.

Warum verschwindet das lästige Hüftgold nicht?

Mit ein paar Pfunden zu viel oder sogar echtem Übergewicht plagen sich heute immer mehr Menschen herum. Entsprechend groß ist nicht nur der Wunsch, sondern auch die Notwendigkeit, die eigene Ernährung auf gesunde Weise umzustellen, um teilweise gravierende Folgeerkrankungen wie Diabetes, Gelenkprobleme und vieles mehr zu verhindern. Tatsächlich geht es bei der Ernährungsumstellung oft nicht nur darum, einem gewissen Schönheitsideal zu entsprechen, sondern um eine medizinische Notwendigkeit. Erschreckenderweise hat sich krankhaftes Übergewicht in den Industrieländern mittlerweile zu einer echten Volkskrankheit entwickelt und

beängstigende Ausmaße angenommen:
So fand das Robert-Koch-Institut beispielsweise unlängst heraus, dass in Deutschland etwa 53 Prozent der Frauen und ganze 67 Prozent der Männer nicht nur ein paar Pfunde zu viel auf den Rippen haben, sondern tatsächlich übergewichtig sind, das heißt, einen BMI von über 25 aufweisen! Ein Umstand, der nicht nur die Betroffenen selbst, sondern auch das Gesundheitssystem enorm belastet.
Doch warum ist das so? Warum werden wir immer dicker?
Selbstverständlich spielen oft Bewegungsmangel und der Umstand, dass wir einfach zu viel essen, eine Rolle,

wenn es um die Ursachen von zu vielen Pfunden geht. Doch das trifft längst nicht auf alle Menschen mit Gewichtsproblemen zu. Besonders genau wissen das diejenigen, die trotz geringerer Portionsgrößen, sportlicher Aktivität oder fettarmer Ernährung einfach keine Abnehmerfolge verbuchen können. Bereits hieran zeigt sich, dass nicht nur die Menge dessen, was wir essen, sondern gerade auch das, WAS wir essen, darüber entscheidet, wie sich Nahrung auf unseren Körper auswirkt. Ernähren wir uns falsch, fördern wir die Fettspeicherung und hemmen gleichzeitig den Fettabbau – ein Teufelskreis, dem sich oftmals weder durch kleinere Portionen noch durch etwas mehr Bewegung entkommen lässt.

Es ist jedoch nicht direkt das Nahrungsfett, das dafür sorgt, dass Kalorien in störendes Hüftgold umgewandelt werden. Häufig ist ein zu hoher Insulinspiegel dafür verantwortlich, dass Nahrungskalorien auf direktem Wege in störende Pölsterchen verwandelt werden.

Überhöhte Insulinwerte und ein schädliches Blutzucker-Auf-und-Ab können durch einen hohen Kohlenhydratkonsum (vor allem weißes Mehl und Zucker) entstehen. Brot, Pasta, Kuchen und Zucker in verschiedenster Form werden in den Industrieländern in rauen Mengen verzehrt und legen unseren Fettstoffwechsel mit riesigen Portionen einfacher Kohlenhydrate fast komplett lahm.

Insbesondere der hohe Zuckerkonsum, vor welchem mittlerweile sogar die WHO warnt, ist dabei oft verantwortlich für unerwünschte Speckröllchen oder sogar echtes Übergewicht. Das Tückische dabei: Große Mengen an Kohlenhydraten verstecken sich auch dort, wo wir sie am wenigsten vermuten. Nicht nur Ketchup, Limonade, Saft & Co. liefern mit großen Mengen an Zucker eine teilweise unüberschaubare Menge an Kohlenhydraten, die unsere Abnehmerfolge stagnieren lässt. Gerade auch vermeintliche Abnehmhelfer in Form von Light-Produkten sind zwar oft fettreduziert, mit viel Zucker und anderen enthaltenen Kohlenhydratquellen aber Abnehmerfolgen keinesfalls förderlich.

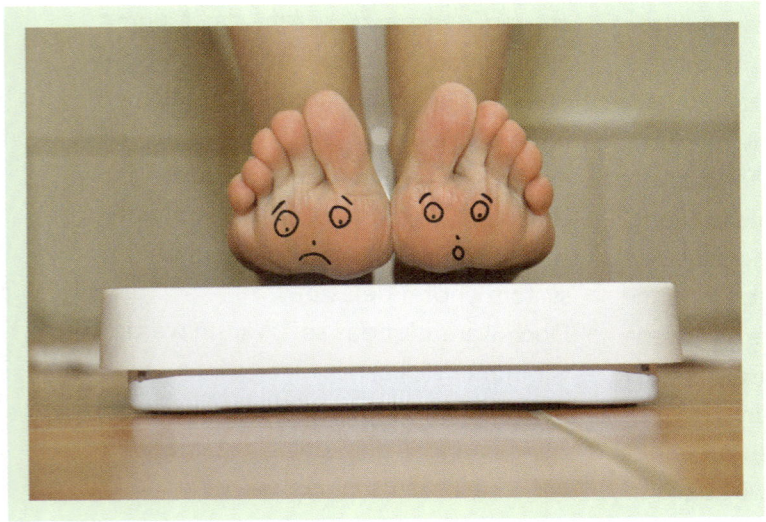

Umdenken statt fettfrei leben

Obgleich wir im Laufe der vergangenen Jahrzehnte immer weniger Fett verzehren, nimmt die Zahl der Menschen mit Gewichtsproblemen kontinuierlich zu. Bereits das sollte ein Hinweis darauf sein, dass Fette allein nicht der Grund für Gewichtszunahme oder ausbleibende Abnehmerfolge sein können. Erwiesenermaßen ist das Risiko, nach einer fettreduzierten Diät und der anschließenden Rückkehr zu alten Essgewohnheiten sogar noch mehr zu wiegen als zuvor, besonders hoch. Nicht nur deshalb sollten wir uns also insbesondere von dem Irrglauben, mit einer geringeren Menge an konsumierten Nahrungsfetten würden auch unweigerlich die Pfunde purzeln, endlich verabschieden. Vielmehr ist es an der Zeit, zu verstehen, wie unser Stoffwechsel tatsächlich funktioniert, um mit einer gesunden, sinnvollen und kohlenhydratarmen Ernährung die Pfunde ganz natürlich und ohne Verzicht purzeln zu lassen.

Unser Stoffwechsel – mehr Power durch gesunde Energie

Bereits seit den 60er-Jahren wird eine kohlenhydratarme Ernährungsweise insbesondere mit dem Namen Robert Atkins und der nach dem Ernährungswissenschaftler und Herzspezialisten benannten Diät in Verbindung gebracht. Die Atkins-Diät, die im krassen Gegensatz zur damals und auch heute noch verbreiteten Ernährungsüberzeugung auf viele Fette und besonders wenige Kohlenhydrate setzt, wurde seither immer wieder hochgelobt und in regelmäßigen Abständen auch verteufelt. Heute weiß man jedoch, nicht zuletzt auch aufgrund von wissenschaftlichen Erkenntnissen, dass der Atkins-Ansatz nicht nur als Diät absolut zielführend, sondern zudem viel gesünder ist als der übermäßige Kohlenhydratkonsum. Die Frage, warum der hohe Konsum von Kohlenhydraten zu Übergewicht und einem niedrigeren Energielevel führt, beantwortet uns dabei die Funktionsweise des menschlichen Stoffwechsels: Bekanntermaßen benötigt unser Körper Energie. Nicht nur, um sportlich aktiv zu sein oder körperliche Arbeiten zu verrichten, sondern auch dann, wenn wir uns gar nicht bewegen. Lebensnotwendige Vorgänge, allein das Denken und Atmen, verbrauchen Energie, die wir über unsere Nahrung aufnehmen müssen.

Um uns mit Energie zu versorgen, liefert unsere Nahrung drei Brennstoffe, die unser Körper verwerten kann:

- Fette,
- Kohlenhydrate
- und Proteine.

Aus diesen drei Brennstoffen kann, hauptsächlich in den Kraftwerken unserer Zellen, den Mitochondrien, Energie gewonnen werden. Durch ihren Abbau und die Umwandlung in nutzbare Energie werden sämtliche Körperfunktionen überhaupt erst möglich.

Proteine – wertvoller Brennstoff

Aus Aminosäuren bestehend, sind Proteine für unseren Körper besonders wichtig. Zwar können einige Aminosäuren von unserem Organismus selbst hergestellt werden, längst aber nicht alle, und diese müssen deshalb über die Nahrung aufgenommen werden. Aus den Aminosäuren können dann wichtige Stoffe, wie beispielsweise Enzyme, produziert werden. Außerdem können Proteine von unserem Körper selbstverständlich in Energie umgewandelt werden. Neben Glukose, die aus Proteinen in der Leber hergestellt werden kann, fallen bei der Proteinumwandlung jedoch auch Stickstoffverbindungen an. Diese entstehen in unseren Nieren und müssen abtransportiert werden. Entsprechend ist es bei einer sehr proteinreichen Ernährung besonders wichtig, viel zu trinken, damit die Nieren mit der Entsorgung dieser Abfallprodukte nicht überlastet werden.

Kohlenhydrate – liefern schnelle Energie

Große Mengen an Kohlenhydraten nehmen wir häufig in Form von Haushaltszucker, der sich in süßen Getränken, Backwaren, Joghurt und vielem mehr verbirgt, zu uns. Auch viele Obstsorten liefern jede Menge Kohlenhydrate. Im Übrigen konsumieren wir sie auch in Form von Stärke, die beispielsweise in Nudeln, Kartoffeln oder Brot steckt. Stärke, Haushaltszucker oder Fruchtzucker können in unserem Körper besonders schnell in ihre Bestandteile zerlegt und als Energie nutzbar gemacht werden. Kohlenhydrate, die wir über unsere Nahrung aufnehmen, kommen meist in Form von Glukose (Traubenzucker) vor. Auch besonders stärkehaltige Lebensmittel wie Brot, Reis, Nudeln oder Mehl bestehen aus Glukoseverbindungen.

Gelangt die Glukose über unsere Nahrung in den Körper, kann sie im Darm besonders schnell aufgespalten werden und ihre Glukosemoleküle können dann in den Blutkreislauf gesendet werden – der Blutzuckerspiegel steigt. Das kann insbesondere dann nützlich sein, wenn Gehirn oder Muskeln besonders schnell verfügbare Energie benötigen – im Alltag hingegen ist ein rasanter Anstieg des Blutzuckerspiegels nicht immer sinnvoll. Auf Dauer gesehen können erhöhte Blutzuckerwerte nämlich zu Folgeerkrankungen, wie unter anderem Diabetes Typ 2, führen. Darüber hinaus fällt der Blutzuckerspiegel nach einer Mahlzeit, die zum großen Teil aus den einfachen Kohlenhydraten von Brot oder Pasta besteht, genauso rasch wieder ab, wie er zuvor angestiegen ist. Diese rasante Blutzucker-Berg-und-Tal-Fahrt führt dazu, dass wir uns nach einer kohlenhydratreichen Mahlzeit schnell wieder hungrig, wenn nicht sogar heißhungrig fühlen.

Fette – Freund oder Feind?

Fette sind nicht nur Geschmacksträger, sondern auch für die Aufnahme fettlöslicher Vitamine unentbehrlich. Das Fett, das wir über unsere tägliche Nahrung zu uns nehmen, besteht überwiegend aus Triglyzeriden, die unseren Muskeln als Brennstoff dienen und allgemein zur Energiegewinnung genutzt werden können.

Nicht nur in der Ernährungswissenschaft wird zwischen gesättigten, ungesättigten und Transfettsäuren unterschieden. Um welche Art von Fettsäure es sich im Endeffekt handelt und ob sie mehrfach oder einfach gesättigt oder ungesättigt ist, hat etwas mit ihrem chemischen Aufbau zu tun. Bekannter

noch als der Aufbau der Fettsäuren selbst ist die Annahme, dass nur ungesättigte Fettsäuren gesund seien. Gesättigte Fettsäuren hingegen wurden lange Jahre als Krankmacher verschrien und von vielen Menschen darum möglichst vom Speiseplan gestrichen. Heute hat man jedoch anhand zahlreicher Studien festgestellt, dass weder die konsumierte Fettmenge noch die Blutfettwerte in einem direkten Zusammenhang zu bestimmten Krankheitsbildern stehen. Im Gegenteil: Heute weiß man, dass die oft als ungesund verteufelten gesättigten Fettsäuren, die in Milchprodukten, Fleisch und Butter vorkommen, häufig sogar die gesündere Alternative darstellen. Das liegt nicht zuletzt daran, dass diese Fette, im Gegensatz zu einigen ungesättigten Fetten, auch während des Erhitzens keine schädlichen Nebenprodukte entstehen lassen.

Transfettsäuren hingegen entstehen entweder beim starken Erhitzen ungesättigter Fettsäuren oder durch industrielle Fetthärtungsprozesse. Industriell gehärtetes Fett wird immer dann verwendet, wenn ein zu schnelles Ranzigwerden von Lebensmitteln auch bei Luftkontakt vermieden werden soll. Anders als ungesättigte und gesättigte Fettsäuren stellen die Transfettsäuren erwiesenermaßen tatsächlich ein Gesundheitsrisiko dar. Insbesondere tragen sie zu einem ungesund hohen Cholesterinspiegel, hohem Blutdruck und vermutlich auch zu einem gesteigerten Krebsrisiko bei.

Über das Zusammenwirken der drei Brennstoffe: Achtung, Insulin!

Der größte Feind im Kampf gegen ungeliebte Pfunde ist nicht das Nahrungsfett selbst, sondern vielmehr das Insulin, das die Speicherung überschüssiger Energie in Fettdepots erst möglich macht.

Das Hormon Insulin dient dazu, die Aufnahme von Glukose in Muskel- und Fettgewebe zu ermöglichen und sie zur Energiegewinnung verfügbar zu machen. Obwohl dieser Vorgang absolut nützlich ist, hat Insulin auch Auswirkungen auf unseren Fettstoffwechsel, die oft überaus unerwünscht sind: Das Hormon steht dem Abbau von Fett nämlich fast vollständig im Weg! Nehmen wir mit unserer Nahrung Kohlenhydrate und Fette gleichzeitig auf, werden die schnell verfügbaren Kohlenhydrate zuerst zur Energiegewinnung herangezogen, während das Nahrungsfett auf direktem Weg in unsere Fettdepots wandert.

Insbesondere nach kohlenhydratreichen Mahlzeiten werden große Mengen an Insulin freigesetzt, die dabei helfen, dass die aus den Kohlenhydraten hergestellte Glukose möglichst zügig in den Körperzellen verwertet werden kann. Doch selbst dann, wenn die verfügbaren Kohlenhydrate längst aufgebraucht sind, befindet sich immer

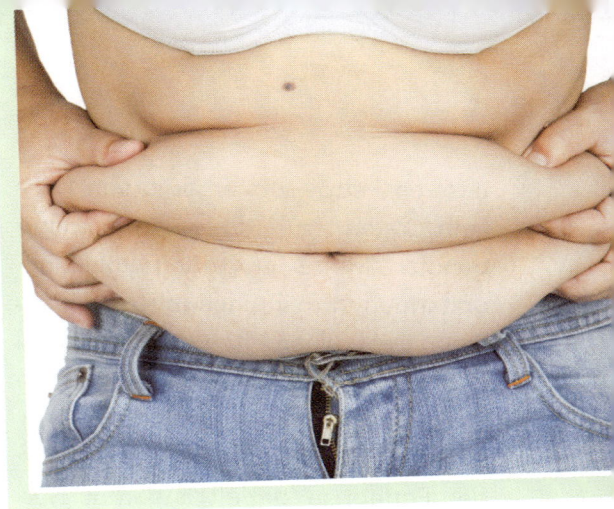

noch eine große Menge an Insulin im Blutkreislauf, die den Zellen eine Glukoseaufnahme signalisiert. Hierdurch sinkt in der Folge der Blutzuckerspiegel rasant ab und in der Konsequenz kommt ein erneutes Hungergefühl auf – ein Kreislauf, der schnell zu ungewollt großen Portionen und Übergewicht führen kann.

Damit sich dieses negative Zusammenspiel von Kohlenhydraten, Fetten und Insulin zumindest in Grenzen hält, hilft es, auf Vollkornprodukte, die komplexe Kohlenhydrate enthalten, umzusteigen. Die komplexen Kohlenhydrate werden langsamer verdaut und auch die hergestellte Glukose kann nur zeitverzögert ins Blut gelangen. Dieser Mechanismus sorgt dafür, dass weniger gravierende Blutzucker- und Insulinspiegelschwankungen auftreten und sich der unerwünschte Heißhungerkreislauf nach dem Verzehr von Vollkornprodukten im Rahmen hält. Allerdings führt auch der Genuss von Vollkorn-Kohlenhydraten zu einer vermehrten Insulinausschüttung und damit zu einem gehemmten Fettabbau.

Kurz gesagt: Insulin sorgt dafür, dass unsere Fettreserven nicht schmelzen, sondern zur Energiegewinnung unangetastet bleiben. Die aufgenommenen Kohlenhydrate werden schnell zur Energiegewinnung genutzt, während überschüssige Energie auf direktem Weg in unsere Fettdepots gelangt. Wird nach einer kohlenhydratreichen Mahlzeit die gewonnene Glukose nicht vollständig verbraucht, kann sie zwar in gewissem Maße in Form von Glykogen in unserer Muskulatur gespeichert werden, essen wir jedoch mehrfach täglich größere Mengen an Kohlenhydraten, sind diese Speicher schnell voll. In der Konsequenz geht die überschüssige Glukose in die Fettsynthese ein und wird vom Körper gespeichert. Große Mengen an Insulin begünstigen diesen Vorgang. Es lässt sich also sagen, das Insulin nicht nur den Fettabbau hemmt, sondern vorhandenes Fett quasi in den ungeliebten Röllchen einschließt.

Günstiges Zusammenspiel: die Ketose

Kohlenhydrate und Fette können jedoch auch ganz anders! Ein günstigeres Zusammenspiel, das gerade dann angestrebt werden sollte, wenn ein paar überflüssige Pfunde purzeln sollen, ist der Zustand der Ketose.

Bei diesem Stoffwechselvorgang werden Fette aus unserer Nahrung oder unseren Fettdepots anstelle von Kohlenhydraten zur Energiegewinnung genutzt. Mit einer gezielt kohlenhydratarmen Ernährungsweise können wir darauf hinarbeiten, diesen Stoffwechselzustand, der seinen Namen aufgrund der dabei hergestellten Ketonkörper trägt, zu erreichen. So kann der Fettabbau gezielt angeregt werden, ohne dabei eine Energie-Unterversorgung zu provozieren.

Der Stoffwechselzustand der Ketose, auch Hungerstoffwechsel genannt, kann erreicht werden, wenn täglich nicht mehr als etwa 50 Gramm Kohlenhydrate konsumiert werden. Ist das der Fall, kann nicht mehr alle benötigte Energie aus Glukose bezogen werden und so beginnt der Organismus, Fett als Energielieferanten zu verwerten. Der restliche Energiebedarf kann außerdem durch Aminosäuren aus proteinreicher Nahrung gedeckt werden.

Um den Stoffwechselzustand der Ketose zu erreichen, muss dem Körper jedoch ein gewisser Anlass geboten werden – schließlich fällt ihm die schnelle Energiegewinnung aus einfachen Kohlenhydraten viel leichter als der komplexere Vorgang der Verstoffwechslung von Fetten. Der nötige Auslöser wird durch die Reduzierung der aufgenommenen Kohlenhydratmenge gesetzt, sodass lästige Fettreserven endlich anfangen können zu schmelzen. Bei vielen Diäten wird deshalb gerade in der Anfangsphase und zur Gewichtsreduktion ein kompletter Verzicht auf Kohlenhydrate vorgeschlagen. Im Rahmen einer gesunden eiweißreichen Ernährung und zum Erhalt der Traumfigur kann jedoch eine Kohlenhydratmenge von etwa 50 bis 110 Gramm täglich, vorzugsweise bestehend aus komplexen Kohlenhydraten, problemlos konsumiert werden.

Fit und glücklich mit Low-Carb

Eine kohlenhydratarme Ernährung macht nicht nur schlank, sondern auch fitter und glücklicher! Das hat zum einen damit zu tun, dass durch die Low-Carb-Ernährungsweise zahlreichen Krankheiten vorgebeugt werden kann, und zum anderen mit dem Umstand, dass eine kohlenhydratarme Ernährung auch unsere körperliche und sportliche Leistungsfähigkeit steigern kann – und Erfolg macht bekanntermaßen sogar noch glücklicher als ein Stück Schokolade.

Besonders deutlich zeigt sich das am Beispiel von Leistungssportlern und Profi-Athleten: Ernährungswissenschaftler bestätigen heute, dass bei Wettkämpfen oft derjenige die Nase vorn hat, dessen Stoffwechsel besonders gut darauf trainiert ist, Fett zur Energiegewinnung zu nutzen. Wenig verwunderlich, schließlich bietet Fett als Energiequelle viel größere Reserven.

Natürlich ist eine kohlenhydratarme Ernährungsweise aber genauso für all diejenigen interessant, die es nicht auf sportliche Höchstleistungen oder einen Marathonlauf abgesehen haben. Auch im Alltag, zur Gewichtsreduktion und um gesund und fit zu bleiben, bietet Low-Carb zahlreiche erwiesene Vorteile.

Langfristiger Gewichtsverlust:

Wer mit Low-Carb Gewicht verliert, schafft es im Gegensatz zu anderen Diäten meist auch, sein Wunschgewicht langfristig zu halten. Das kommt oft auch daher, dass durch die Auseinandersetzung mit den Themen Low-Carb und Ernährung, gesündere Zubereitungsformen und das Ersetzen von ungesunden Nahrungsmitteln und Snacks durch Low-Carb-Alternativen häufig das Bewusstsein für den eigenen Körper verbessert und gestärkt wird. So gelingt es dann auch, wenn das Wunschgewicht einmal erreicht ist, nicht wieder in alte, ungesunde Ernährungsmuster zu verfallen.

Mehr Muskelaufbau, mehr Energie, weniger Entzündungen:

Eine kohlenhydratarme Ernährung kann sehr gut dabei helfen, Fett abzubauen und in Form zu kommen. Wer jedoch nicht nur Fett verlieren, sondern auch durch Sport gezielt Muskeln aufbauen und seinen Körper straffen möchte, profitiert zusätzlich von vielen gesunden Proteinen, welche die Kohlenhydrate fortan auf dem Speiseplan ersetzen. Schließlich sind Proteine für den Muskelaufbau existenziell wichtig und helfen dabei, den Körper straff und fit zu erhalten. (Siehe dazu auch Eiweiß for fit, riva Verlag 2016 – mit vielen Low-Carb-Rezepten.)

Zudem wird von vielen Low-Carb-Anhängern immer wieder berichtet, dass sie sich mit dieser Ernährungsform energiegeladener und einfach wohler fühlen. Zum einen kann das mit einer Regulierung des Blutzuckerspiegels und der damit verbundenen Regulierung des Heißhungerkreislaufs zu tun haben. Zum anderen können mehr Wohlbefinden und Energie aber auch

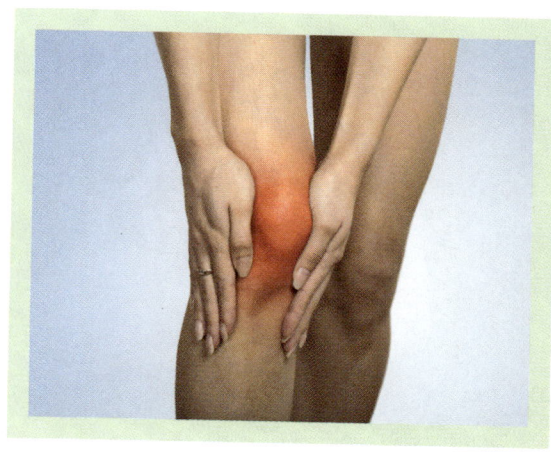

mit dem Ersetzen ungesunder Snacks durch vitamin-, mineralstoff- und nährstoffreichere Alternativen zusammenhängen.

Zusätzlich profitieren Low-Carb-Fans über den Fettabbau hinaus von einem niedrigeren Insulinspiegel: Insulin friert nämlich nicht nur unseren Fettstoffwechsel ein, sondern steht auch in Verbindung mit diversen Entzündungsmarkern. Oft kommt es deshalb vor, dass nach dem Umstieg auf Low-Carb Gelenkbeschwerden und ähnliche Probleme wie von selbst verschwinden.

Erfolgreich starten mit Low-Carb

Eine Ernährungsumstellung ist immer ein großer Schritt – mit ein paar einfachen Tricks fällt sie jedoch gleich viel leichter! Schließlich bewirken sinnvolles Einkaufen, tatkräftige Unterstützung von Familie und Freunden sowie ein cleveres Ersetzen ehemaliger Ernährungssünden schon eine ganze Menge und sind auf dem Weg zu einem gesünderen, fitteren und schlankeren Ich nicht zu unterschätzende Helfer!

Clever und gesund einkaufen

Zwar muss bei der Low-Carb-Ernährung nicht gänzlich auf Kohlenhydrate verzichtet werden (sonst hieße es ja schließlich auch No Carb ...), dennoch sollte die Menge der aufgenommenen

Kohlenhydrate genau im Blick behalten werden. Nicht selten verstecken sich diese nämlich auch dort, wo wir sie gar nicht vermuten, und machen uns beispielsweise durch versteckten Zucker einen großen Strich durch die Low-Carb-Rechnung.

Um Körperfett schnell und effektiv abzubauen und sich die geballte Kraft der Ketose zunutze zu machen, sollte die täglich aufgenommene Kohlenhydratmenge unter 50 Gramm liegen. Zudem empfiehlt es sich, möglichst komplexe Kohlenhydrate, wie sie etwa in Vollkornprodukten vorhanden sind, zu bevorzugen, um lange satt zu bleiben, Heißhunger vorzubeugen und eine möglichst langsame Aufnahme der

Glukose in den Blutkreislauf zu gewährleisten. Wem es weniger auf einen möglichst raschen Gewichtsverlust, sondern eher auf einen gesünderen Lebensstil und das Halten des erreichten Gewichtes ankommt, der kann sich sogar bis zu 120 Gramm Kohlenhydrate täglich gönnen. Das ist allerdings auch vom individuellen Aktivitätslevel der Person abhängig.

Um hier den Überblick zu behalten, ist es besonders wichtig, die Zusammensetzung und die Zutaten unserer Lebensmittel genau zu kennen. Glücklicherweise helfen uns hier die Etiketten auf fast allen Lebensmittelverpackungen enorm weiter. Low-Carb-Anfänger sollten sich darum unbedingt angewöhnen, bereits im Supermarkt Zutaten und Inhaltsstoffe zu studieren. Als Faustregel kann für den Anfang gelten, dass nichts in den Einkaufswagen kommt, was mehr als 10 Gramm Kohlenhydrate pro 100 Gramm enthält. Allerdings ist das nur eine Faustregel, um kohlenhydrattechnisch gar nicht erst in Versuchung zu kommen. Selbstverständlich müssen auch die Portionsgrößen

im Auge behalten werden! Außerdem kann man auch Low-Carb-Gerichte kreieren, wenn man Lebensmittel mit mehr und sehr wenigen Kohlenhydraten klug kombiniert.

Übrigens: Wer auf Low-Carb umsteigt, wird zumindest am Anfang etwas mehr Zeit für den Einkauf und die Essensplanung aufwenden müssen. Schließlich nimmt das genaue Studieren sämtlicher Lebensmitteletiketten einige Zeit in Anspruch. Bald wird das gesunde und kohlenhydratbewusste Einkaufen aber fast wie von selbst klappen und die anfängliche Mühe ist hierbei nur ein erster Schritt auf dem Weg zu einer bewussteren, gesünderen Ernährung.

Kohlenhydrate im Griff

Wenn nicht alle Mitglieder des Haushalts konsequent mit am Low-Carb-Strang ziehen wollen, hilft es, Rückschlägen durch cleveres Einkaufen vorzubeugen. So können beispielsweise gerade die Süßigkeiten und Kohlenhydrat-Bomben eingekauft werden, die den übrigen Fa-

milienmitgliedern besser schmecken als dem Low-Carb-Einsteiger. Ist das nicht möglich, kann es oft auch hilfreich sein, kohlenhydratreiche Lebensmittel so aufzubewahren, dass sie sich nicht ständig im Blickfeld befinden – dann ist die Versuchung gleich viel geringer.

Darüber hinaus gilt selbstverständlich auch: selbst gemacht statt fertig gekauft! Wer sich leckere Low-Carb-Gerichte und Snacks selbst zubereitet, kann sich viel sicherer sein, was genau in den konsumierten Lebensmitteln steckt, und vermeidet zusätzlich oft auch den übermäßigen Konsum ungesunder Transfettsäuren, heißhungerfördernder Geschmacksverstärker usw.

Doch auch wer selbst kocht, sollte darauf achten, wie viele Kohlenhydrate in seinen Speisen stecken. Um den Überblick zu behalten, kann das genaue Abwiegen von Zutaten zumindest am Anfang sehr hilfreich sein. Eine Küchenwaage und vielleicht sogar ein Ernährungstagebuch sind darum sinnvolle Tools, die in keiner Low-Carb-Küche fehlen sollten.

Eine tolle Idee, um auch unterwegs oder bei der Arbeit stets gesund und kohlenhydratarm versorgt zu sein, ist das Vorbereiten gesunder Mahlzeiten und Snacks zum Mitnehmen. Ein paar verschließbare Boxen oder Glasbehälter, die sich zum Transportieren eignen, sollten daher ebenfalls in keiner Küche fehlen. So kann nicht nur in der Mittagspause stets auf eine gesunde Low-Carb-Alternative zurückgegriffen werden, auch können zu große Portionen ganz leicht durch clevere Vorbereitung vermieden werden.

Vorsicht: die schlimmsten Carb-Fallen

Neben zu großen Portionen und der Versuchung, in der Mittagspause zu kohlenhydratreichen Kantinenspezialitäten zu greifen, lauern Kohlenhydratfallen oft auch da, wo wir sie nicht unbedingt erwarten. Besonders wichtig ist es darum zum einen, durch selbst gemachte Low-Carb-Alternativen vorzusorgen, zum anderen aber auch, sich mit der Zusammensetzung von Lebensmitteln generell zu beschäftigen. Schließlich verstecken sich nicht nur in Weizenmehl, Reis und Nudeln besonders viele Kohlenhydrate. Zu den bekanntesten Kohlenhydratbomben, mit denen wir in Kantine, Restaurant und Imbiss häufig konfrontiert werden, gehören unter anderem:

- Backkartoffel mit ca. 18 g Kohlenhydraten pro 100 g
- Cola und Limonade mit ca. 10 g Kohlenhydraten pro 100 ml
- Pommes frites mit ca. 40 g Kohlenhydraten pro 100 g
- Weißbrot mit ca. 50 g Kohlenhydraten pro 100 g

- Ketchup mit ca. 25 g Kohlenhydraten pro 100 g

Wer mit Low-Carb erfolgreich sein möchte, muss genau auf Zutaten und Inhaltsstoffe seiner Lebensmittel achten, um High-Carb-Fallen nicht nur zu vermeiden, sondern clever ersetzen zu können.
Damit der Start gleich viel leichter fällt, haben wir eine Liste der tückischsten Carb-Fallen zusammengestellt.

Fertiggerichte – heimliche Zuckerbomben

Vorsicht vor Fertiggerichten! Selbst wer auf vermeintlich kohlenhydratarme Snacks und Gerichte wie Eiersalat, Suppen, Saucen und Ähnliches setzt, erlebt bei genauerem Hinsehen oft eine böse Kohlenhydrat-Überraschung! Gerade in industriell stark verarbeiteten Produkten wird besonders oft Zucker als Geschmacksverstärker verwendet – und so entpuppt sich die vermeintlich gesunde Alternative schnell als heimliche Kohlenhydratbombe.

Zuckerfrei – trügerische Mogelpackung

Bonbons, Fruchtgummi, Joghurt & Co. kohlenhydratfrei genießen? Ganz einfach! Beim nächsten Supermarktbesuch wird einfach zu einem Produkt gegriffen, auf dem die Aufschrift »zuckerfrei« prangt und schon ist das Problem gelöst. So einfach ist es aber leider doch nicht!
Um mit dem Attribut »zuckerfrei« werben zu dürfen, darf dem Produkt nur eine gewisse Höchstmenge an herkömmlichem Haushaltszucker (Saccharose) zugesetzt werden. Andere Zu-

ckerarten wie Fruchtzucker, Malzzucker, Milchzucker oder Zuckeraustauschstoffe dürfen allerdings dennoch enthalten sein. Das kann dazu führen, dass das Produkt zwar frei von herkömmlichem Zucker, aber eben keinesfalls kohlenhydratfrei ist. Darum gilt auch hier: genau auf das Etikett schauen oder einfach eine leckere Süßigkeiten-Alternative selbst machen! Wie man süße Verführungen kohlenhydratarm zubereitet, zeigen wir auch in unserem Buch *Süßes und Desserts Low-Carb* (erschienen im riva Verlag).

Pflanzliche Milch und Joghurt

Soja-, Kokos-, Mandelmilch & Co. sind nicht nur im Rahmen einer veganen Ernährung tolle und gesunde Milchalternativen. Sie sind lecker, verleihen vielen Speisen das gewisse Etwas und sind mit vielen Vitaminen und Mineralstoffen besonders gesund. Aber auch hier gibt es Unterschiede! Einige Produkte enthalten nämlich nicht gerade geringe Mengen an Zucker und sind darum echte Kohlenhydratfallen. Andere Hersteller wiederum verzichten auf Zuckerzusätze. Hier lohnt es sich, besonders genau darauf zu achten, was in der pflanzlichen Milch steckt, um böse Überraschungen zu vermeiden.

Ähnliches gilt auch für fertigen Fruchtjoghurt: Insbesondere Produkte, die mit einem niedrigen Fettgehalt werben, enthalten oft besonders viel Zucker. Besser ist es hier, zu Naturjoghurt zu greifen und diesen einfach selbst mit dem Lieblingsobst zu verfeinern.

Sportlernahrung und Proteinriegel

Wer statt zum Schoko- zu einem Proteinriegel greift, geht meist davon aus, sich in puncto Low-Carb und Fitness etwas Gutes zu tun. Dabei darf aber nicht vergessen werden, dass High-Protein nicht unbedingt auch Low-Carb bedeutet. Viele Sportlersnacks und Proteinriegel sind dafür konzipiert, Profiathleten vor oder während eines Wettkampfes mit möglichst viel schnell verfügbarer

Energie zu versorgen. Entsprechend enthalten diese Produkte nicht gerade geringe Mengen an Kohlenhydraten. Sollen sportliche Höchstleistungen erbracht werden, mag das durchaus sinnvoll sein – im Alltag jedoch sind solche Kohlenhydratbomben eher kontraproduktiv.

Kohlenhydrat-Spitzenreiter

Teilweise wenig überraschend, aber dafür mit umso mehr Kohlenhydraten schlagen diese Kohlenhydrat-Spitzenreiter unter den Lebensmitteln und Lieblingsgerichten zu Buche:

Haushaltszucker	Hier liegt der Kohlenhydratgehalt bei 100 Prozent. Fett, Vitamine, Mineralien oder Proteine sind in Zucker nicht vorhanden.
Pizza	Der Kohlenhydratanteil variiert je nach Dicke des Bodens und nach Art des Belags. Üblicherweise liegt er jedoch bei mindestens 30 bis 40 Prozent.
Kekse und Kuchen	Selbst zuckerfreies Backwerk ist nicht kohlenhydratfrei. Allein das zur Herstellung verwendete Mehl enthält ca. 70 Prozent Kohlenhydrate und lässt auch den Kohlenhydratanteil im Backwerk auf um die 70 Prozent ansteigen.
Marmelade	Selbst dann, wenn auf einen hohen Fruchtgehalt der Fertigmarmelade geachtet wird (Fruchtzucker!), weist diese im Normalfall um die 65 Prozent an Kohlenhydraten auf.
Fertigsaucen und Dressing	Auch hier gilt: besser selbst gemacht! Durchschnittlich liegt der Kohlenhydratanteil in diesen Fertigprodukten bei ca. 35 Prozent.
Süße Frühstücksflocken	Anders als naturbelassene Haferflocken enthalten süße Flocken und Müsli-Fertigmischungen besonders viel Zucker. Der Kohlenhydratgehalt liegt oft bei um die 80 Prozent.
Mango und Banane	Zwar sind die leckeren Früchtchen gesund, sollten aber dennoch nur maßvoll genossen werden. Schließlich weisen sie pro Stück um die 20 bis 25 Gramm Kohlenhydrate auf.
Limonade	Cola, Limonade & Co. enthalten rund 10 Gramm Kohlenhydrate pro 100 Milliliter. Ein großes Glas der süßen Getränke kann durchaus um die 30 Gramm Kohlenhydrate liefern.
Brot und Pasta	Hierbei schlägt Brot mit etwa 50 Prozent Kohlenhydratanteil und Pasta (gekocht) mit etwa 25 Prozent zu Buche.

Low-Carb alltagstauglich

Da Sie jetzt wissen, auf welche Kohlenhydrat-Bomben Sie achten müssen und was vielleicht einfach seltener auf den Speiseplan gesetzt werden sollte, kommt bei einigen vermutlich die Frage auf, ob nun ein Leben lang Verzicht angesagt ist.

Da es sich bei der Low-Carb-Ernährung nicht um eine Diät, sondern vielmehr um eine Ernährungsumstellung handelt, die darauf ausgelegt ist, langfristig und auf Dauer gesünder, aktiver und fitter zu sein, sollten herkömmliches Brot, Nudeln, Kartoffeln etc. tatsächlich dauerhaft nicht unbedingt im Einkaufswagen landen. Die gute Nachricht ist jedoch: Verzicht muss hiermit keinesfalls verbunden sein!

Denn zu fast allen Kohlenhydratbomben gibt es auch eine leckere Low-Carb-Alternative! So muss der Abschied von herkömmlichem Gebäck und Standard-Pasta gar nicht schwerfallen, sondern stellt vielmehr den Start in eine fittere, schlankere Zukunft dar!

Backen, aber Low-Carb

Zugegeben, herkömmliches Weizenmehl passt mit rund 70 Gramm Kohlenhydraten pro 100 Gramm nicht besonders gut zu einer kohlenhydratarmen Ernährung. Das bedeutet zwar, dass der spontane Gang zum Bäcker fortan unterbleiben sollte, auf Gebäck muss aber trotzdem nicht verzichtet werden. Schließlich lassen sich sowohl herzhafte als auch süße Backwaren ganz einfach mit Low-Carb-konformen Mehlen wie Kokosmehl, Mandelmehl oder auch Sojamehl herstellen. Hierbei sollte jedoch besonders genau auf das entsprechende Rezept geachtet werden, da sich herkömmliches Weizenmehl oft nicht 1:1 ersetzen lässt.

Auch wenn Sie vielleicht bei den genauen Mischungsverhältnissen je nach Mehlalternative etwas experimentieren müssen, im Ergebnis werden Sie sich über Low-Carb-gemäßes Gebäck freuen, das mit gutem Gewissen vernascht werden darf.

Im Buch *Süßes und Dessert Low-Carb* (erschien im riva Verlag) finden Sie genaue Informationen zu den Low-Carb-Alternativen von Mehl, Zucker, Schokolade und außerdem viele süße Low-Carb-Rezepte.

Low-Carb-Süßigkeiten und -Snacks

Wer Süßes und Snacks liebt, der wird beim Lesen der vorherigen Kapitel bestimmt schon Angst davor bekommen haben, dass es mit Low-Carb vielleicht doch nicht klappt, wenn die Lust auf die Lieblingsnaschereien einfach zu groß wird. Aber keine Panik! Auch die größten Carb-Sünden lassen sich lecker ersetzen.

Selbstverständlich geht es hierbei nicht ganz ohne Süße – muss es aber auch nicht! Schließlich stellen beispielsweise Erythrit, Stevia und Xylit fast kohlenhydratfreie, natürliche und verführerisch süße Zuckeralternativen dar, die uns nicht mit einem Kohlenhydratanteil von 100 Prozent belasten.

Ähnliches gilt auch für Chips und salzige Snacks. Denn wer sagt denn, dass es immer nur Kartoffelchips sein müssen? Knusprige Gemüsechips, Kohlrabi-Pommes oder naturbelassene Nüsse können genauso gut als leckere Knabberei für zwischendurch dienen und sind dabei auch noch vitamin- und nährstoffreich. Da Nüsse allerdings besonders fett- und kalorienreich sind, empfiehlt es sich, nicht unbegrenzt zu snacken, sondern sich kleine Knabberportionen gewissenhaft einzuteilen.

Brot, Pizza, Pommes und Nudeln gemäß Low-Carb

Low-Carb-Brot kann beispielsweise aus gesunden Mehlalternativen selbst hergestellt werden. Mittlerweile bieten auch viele Bäckereien schon Low-Carb-Brot und -Brötchen an oder Sie können online entsprechende Brotbackmischungen erwerben.

Pfannkuchen, Wraps und Pizzaboden können auf Gemüse-, Ei- oder Quarkbasis lecker und gesund mit nur wenigen Kohlenhydraten selbst hergestellt werden. Gleiches gilt auch für Pasta! Hier muss es längst nicht immer die gewohnte Standardpasta sein. Schließlich lassen sich Spaghetti & Co. auch ganz leicht und superschnell aus Gemüse wie beispielsweise Zucchini herstellen. Wer hier jedoch nicht auf Gemüse setzen will, findet eine tolle Pasta- oder Reisalternative in der exotischen, aus Asien stammenden Konjakwurzel. Mittlerweile gibt es die aus dem Mehl der Konjakwurzel hergestellten Pasta- oder Reis-Alternativen bei uns in gut sortierten Supermärkten, Asia-Läden oder in Online-Shops zu kaufen. Sie weisen allesamt einen entscheidenden Vorteil auf: Die Konjakprodukte enthalten weder Fett noch Kohlenhydrate und liefern durchschnittlich nur 8 kcal pro 100 Gramm. Da die Nudeln eher geschmacksneutral sind, sollte man unbedingt eine leckere Low-Carb-Sauce dazu servieren.

Clever ersetzt

Wie sich unsere Lieblingssünden ganz lecker durch gesündere Alternativen ersetzen lassen, zeigt diese Übersicht anhand einiger Beispiele:

Ersetze ...	... durch ...
Bonbons, Fruchtgummi und Schokolade	dunkle Schokolade mit hohem Kakaogehalt, z. B. 80 Prozent, selbst gemachte zuckerfreie Süßigkeiten mit Xylit/Erythrit, Nüsse oder Beeren
Brot	selbst gemachtes Brot, Low-Carb-Wraps oder ein paar große Salatblätter
Burger	Burger ohne Brot mit einem knackigen Salatblatt oder Low-Carb-Burger-Brötchen
Pommes	Pommes aus Kohlrabi, Zucchini oder anderem stärkearmem Gemüse
Cocktails und Mixgetränke	Wein oder Weinschorle
Eis, Cremes und Fertigjoghurt	Naturjoghurt oder Quark mit Beeren, Low-Carb-Frozen-Yoghurt oder -Eis
Kuchen und Muffins	selbst gemachte Low-Carb-Kuchen oder -Muffins
Frühstücksmarmeladenbrot	Smoothie mit frischen Beeren und Mandelmilch, Low-Carb-Brot mit Low-Carb-Marmelade
Mehl	z. B. Mandel-, Kokos- oder Sojamehl
Panade	gemahlene Mandeln, geriebenen Parmesan, Kakaobutterpulver (Tipp!)
Reis oder Kartoffelpüree	Konjakreis, Blumenkohlreis, Püree aus Kohlrabi, Blumenkohl oder Rettich
Salzige Snacks	Gemüsechips, Käsewürfel, Oliven, kaltes Fleisch oder Chips aus Schinken, Käse etc.
Zucker	Xylit, Eryhrit oder Stevia

Die besten Low-Carb-Foods

(Durchschnittswerte, produktabhängig)

Gemüse und Salate		
Weniger als 2 g Kohlenhydrate pro 100 g	**Weniger als 5 g Kohlenhydrate pro 100 g**	**Weniger als 10 g Kohlenhydrate pro 100 g**
	Aubergine	
	Brokkoli	
Artischocken	Fenchel	
Blumenkohl	Grünkohl	
Eisbergsalat	Kohlrabi	
Endiviensalat	Kürbis	
Feldsalat	Lauch	Möhren
Kopfsalat	Mangold	Paprika (rot)
Kresse	Paprika (grün + gelb)	Zwiebeln
Römersalat	Rettich	
Salatgurken	Rosenkohl	
Spargel	Sellerie	
Spinat	Tomaten	
Zucchini	Weißkohl	
	Wirsing	

Obst		
Weniger als 2 g Kohlenhydrate pro 100 g	**Weniger als 5 g Kohlenhydrate pro 100 g**	**Weniger als 10 g Kohlenhydrate pro 100 g**
		Erdbeeren
		Brombeeren
		Heidelbeeren
		Johannisbeeren
	Avocado	Kiwi
	Himbeeren	Mandarine
	Zitrone	Orange
		Papaya
		Pfirsich
		Stachelbeeren
		Wassermelone

Milchprodukte und Käse		
Weniger als 2 g Kohlenhydrate pro 100 g	**Weniger als 5 g Kohlenhydrate pro 100 g**	**Weniger als 10 g Kohlenhydrate pro 100 g**
Bergkäse		
Butter		
Butterkäse		
Blauschimmelkäse		
Brie	Buttermilch	
Edamer	Hüttenkäse	
Emmentaler	Joghurt	
Gorgonzola	Körniger Frischkäse	
Gouda	Quark	
Parmesan	(Magerquark)	
Ricotta	Sahne (30 % Fett)	
Schmand (40 % Fett)	Vollmilch (3,5 % Fett)	
Schmelzkäse		
Speisequark		
Tilsiter		

Fisch und Meeresfrüchte		
Weniger als 2 g Kohlenhydrate pro 100 g	**Weniger als 5 g Kohlenhydrate pro 100 g**	**Weniger als 10 g Kohlenhydrate pro 100 g**
Aal		
Forelle		
Garnele, Hummer, Shrimp		
Heilbutt		
Hering		
Kabeljau		
Karpfen	Miesmuscheln	Jakobsmuscheln
Lachs	Tintenfisch	Venusmuscheln
Makrele		
Sardine, Sardellen		
Scholle		
Seezunge		
Steinbutt		
Thunfisch		

Fleisch und Wurst

Weniger als 2 g Kohlenhydrate pro 100 g	Weniger als 5 g Kohlenhydrate pro 100 g	Weniger als 10 g Kohlenhydrate pro 100 g
Bratwurst		
Corned Beef		
Ente		
Fleischkäse		
Fleischwurst		
Gans		
Hühnchen		
Kalb	Hühnerleber	
Leberwurst	Kalbsleber	
Mettwurst		
Pute		
Rind		
Salami		
Schinkenwurst		
Schwein		

Öle und Fette

Weniger als 2 g Kohlenhydrate pro 100 g	Weniger als 5 g Kohlenhydrate pro 100 g	Weniger als 10 g Kohlenhydrate pro 100 g
Butter		
Distelöl		
Erdnussöl		
Kokosöl		
Kürbiskernöl		
Leinsamenöl		
Margarine		
Olivenöl		
Schweineschmalz		
Sesamöl		
Sojaöl		
Sonnenblumenöl		
Traubenkernöl		
Walnussöl		

Alkoholhaltige Getränke		
Weniger als 2 g Kohlenhydrate pro 100 g	**Weniger als 5 g Kohlenhydrate pro 100 g**	**Weniger als 10 g Kohlenhydrate pro 100 g**
Sherry (trocken)	Bier Champagner Rotwein Sekt Weißwein	Apfelwein Beeren-Eiswein

Zum Umgang mit diesem Buch

Bei jedem Rezept finden Sie Nährwertangaben:
- Kcal steht für Kilokalorien,
- KH für Kohlenhydrate,
- F für Fett,
- P für Protein.

Außerdem sind vegetarische und glutenfreie Rezepte übersichtlich gekennzeichnet:

 vegetarisch

 glutenfrei

Glutenfrei: Bitte achten Sie bei Ihren Produkten immer auf das Etikett, besonders bei Schokolade, Käse, Gemüsebrühe, Eiweißpulver, Kakaopulver, Gewürzen etc. Auch wenn diese Zutaten meist frei von Gluten sind, können von den Herstellern bestimmte Zusätze verwendet werden, die nicht glutenfrei sind.

Auf der Website zum Buch, unter www.klassiker-in-low-carb.de, finden Sie weitere Low-Carb-Tipps und -Rezepte, Zutatenübersichten und eine Rezeptliste zum Buch mit allen Nährwerten zum Herunterladen.

Im Rezeptteil zeigen wir Ihnen jetzt die Low-Carb-Variationen beliebter Klassiker. Viel Spaß beim Ausprobieren!

FRÜHSTÜCK

GRANOLA

Ca. 150 g Granola
Pro 15 g (1 EL): 83 kcal / 0,8 g KH / 7,9 g F / 1,9 g P

> 30 g Mandeln
> 30 g Haselnüsse
> 20 g Walnüsse
> 30 g blanchierte Mandelplättchen
> 30 g Sonnenblumenkerne
> 15 g Kokosöl (oder Butter)
> 20 g Erythrit

1. Mandeln, Haselnüsse und Walnüsse grob hacken.
2. Nun alle Nüsse und Kerne in eine Pfanne ohne Fett geben und vorsichtig bei ständigem Umrühren anrösten. Kurz in eine Schüssel umfüllen.
3. Kokosöl oder Butter in der Pfanne erhitzen und schmelzen lassen. Bei mittlerer Hitze Erythrit hinzufügen und gut verrühren.
4. Jetzt die angerösteten Nüsse und Kerne hinzufügen und weiterhin gut umrühren, bis eine klebrige Masse entstanden ist. Das dauert nur ca. 3–5 Minuten. Achtung, dass nichts anbrennt, evtl. die Hitze noch etwas reduzieren.
5. Eine feste Unterlage wie z. B. ein Backblech, ein großes Brett oder die Arbeitsfläche in der Küche mit einem Stück Backpapier auslegen und die Masse zum Auskühlen darauf verteilen.
6. Sobald sie vollständig ausgekühlt ist, ist die Konsistenz auch richtig »crunchy« und man kann das Müsli in ein gut verschließbares Vorratsglas einfüllen.

Tipp:

Lässt sich mit vielen Zutaten ganz schnell und leicht variieren. Auf ca. 150 g Nüsse und Kerne nach Wahl, Kokoschips, evtl. auch noch Trockenfrüchte wie klein gehackte Cranberrys kommen 15 g Kokosöl oder Butter und 20 g Erythrit oder Xylit.

KNUSPERMÜSLI

Ca. 600 g Knuspermüsli
Pro 15 g (1 EL): 69 kcal / 1,4 g KH / 5,6 g F / 2,6 g P

150 g Kokosraspel
100 g gehackte Mandeln
100 g Sonnenblumenkerne
100 g Kürbiskerne
2 TL Zimt
5 EL Erythrit
3 Eiweiß
50 ml lauwarmes Wasser

1. Den Ofen auf 125 °C Ober-/Unterhitze vorheizen.
2. Ein Backblech mit Backpapier belegen.
3. Kokosraspel, gehackte Mandeln, Sonnenblumenkerne, Kürbiskerne, Zimt und Erythrit in einer Schüssel vermengen. Das Eiweiß und das Wasser dazugeben und unterrühren.
4. Die Müslimischung auf dem Backblech verteilen. Im vorgeheizten Ofen 60 Minuten backen und zwischendurch mehrmals umrühren. Dabei immer darauf achten, dass nichts anbrennt.
5. Nach dem Backen Müsli komplett abkühlen lassen und dann in ein luftdichtes Gefäß füllen.

KOKOS-PORRIDGE

Die Low-Carb-Alternative zum Frühstückshaferbrei
2 Portionen
Pro Portion: 494 kcal / 7,2 g KH / 44,8 g F / 5,6 g P

80 g Kokosflocken
50 g Kokosraspel
250 g Mandelmilch
2 EL Xylit
30 g Granatapfelkerne, Beeren etc.
10 g gehackte Mandeln oder Nüsse nach Wahl

1. Die Kokosflocken und die Kokosraspel in einen Topf geben. Mandelmilch und Xylit hinzugeben und alles unter Rühren aufkochen lassen.

2. Weiter köcheln lassen, bis die Milch aufgesogen ist. Dabei stets umrühren. Gegebenenfalls etwas mehr Kokosraspel hinzugeben.

3. Noch warm mit Granatapfelkernen, Beeren und gehackten Mandeln oder Nüssen servieren.

BUTTERTOAST

1 kleines Toastbrot (ca. 10 Scheiben)
Pro Scheibe: 177 kcal / 1,7 g KH / 13,4 g F / 9,6 g P

5 Eier
100 g weiche Butter
100 g Mandelmehl
50 g Kokosmehl
25 g Flohsamenschalen
40 g Goldleinsamenmehl
1 TL Meersalz
1 ½ TL Backpulver

Eine kleine Kastenbackform, ca. 17 cm

1. Backofen auf 150 °C Umluft vorheizen.

2. Eier und Butter in einer Schüssel cremig schlagen. Alle restlichen Zutaten hinzufügen und zu einem festen Teig vermengen.

3. Kastenform mit Backpapier auslegen, Teig hineingeben und evtl. mit der Hand in Form drücken. 30–40 Minuten im vorgeheizten Ofen backen.

4. Mit der Stäbchenprobe überprüfen, ob das Brot schon fertig ist. Klebt Teig am Stäbchen, muss das Brot noch weiter gebacken werden.

5. Wenn die Brotscheiben vor dem Verzehr getoastet werden, kommt der Buttergeschmack besonders gut zur Geltung.

Tipp:

Nicht länger als 3 Tage im Brotkorb aufbewahren, besser portionsweise einfrieren und morgens schnell auftoasten.

FAST FOOD

BURGER

1 Riesen-Burger für 2 Portionen
Pro Portion: 373 kcal / 8,1 g KH / 23,3 g F / 32,9 g P

Für die Brötchen:
3 Eiweiß
100 g Quark
1 Eigelb
1 Prise Salz
evtl. Sesam und Kräuter zum Bestreuen

Für das Fleisch:
1 Zwiebel
1 kleine Knoblauchzehe
1 Ei
150 g Hackfleisch
Salz, Pfeffer
Paprikapulver, edelsüß
1 EL Öl

Für den Belag:
2 Scheiben Schmelzkäse
20 g Salat
2 Tomaten
2 EL Low-Carb-Ketchup (siehe Seite 103)

1. Den Backofen auf 150 °C Ober-/Unterhitze vorheizen.

2. Das Eiweiß in einer Schüssel steif schlagen.

3. In einer separaten Schüssel Quark, Eigelb und Salz gut verrühren. Den Eischnee vorsichtig unterheben.

4. Mithilfe eines Löffels auf einem mit Backpapier ausgelegten Blech 3 mittelgroße Häufchen setzen. Nach Belieben ein Häufchen mit etwas Sesam oder Kräutern bestreuen (das wird der Burger-Deckel).

5. Das Blech für 20–25 Minuten in den Ofen geben. Backvorgang ständig kontrollieren, da die Brötchen schnell zu dunkel werden können.

6. Die Burger-Brötchen nach der Backzeit aus dem Ofen holen und abkühlen lassen. Es ist normal, dass die Brötchen etwas zusammenfallen.

7. In der Zwischenzeit die Zwiebel abziehen, sehr fein würfeln und mit der gepressten Knoblauchzehe, dem Ei und dem Hackfleisch vermischen.

8. Nach Geschmack mit Salz, Pfeffer und Paprikapulver würzen und alles gut verkneten. Aus der Fleischmasse 2 flache Burger-Frikadellen formen.

9. In einer beschichteten Pfanne Öl erhitzen und die Frikadellen darin von beiden Seiten gar braten.

10. Sobald sie fertig gebraten sind, die Restwärme der Pfanne noch ausnutzen und jeweils 1 Scheibe Käse auf 1 Frikadelle legen und schmelzen lassen.

11. Salat waschen und trocken schütteln, Tomaten waschen und in Scheiben schneiden.

12. 1 Burger-Brötchen mit einer Frikadelle mit Käse, etwas Salat, Ketchup und Tomatenscheiben belegen.

13. Nun das nächste Brötchen auflegen und wieder den Belag darauf stapeln.

14. Am Ende den Burger-Deckel (mit Kräutern oder Sesam) obenauf setzen.

CHICKEN-NUGGETS MIT CURRYDIP

2 Portionen
Pro Portion Nuggets: 475 kcal / 1,55 g KH / 22,5 g F / 64,8 g P
Pro Portion Dip: 134 kcal / 3,7 g KH / 11,8 g F / 2,9 g P

Für die Nuggets:
400 g Hähnchenbrustfilet
60 g geriebenen Parmesan
½ TL Kurkuma
40 g gemahlene Mandeln
1 Ei
Salz, Pfeffer
etwas Pflanzenöl zum Braten

Für den Dip:
75 ml Sahne
75 ml Joghurt (1,5 % Fett)
1 EL Curryulver
1 TL Kurkuma
1 Prise Xylit oder Erythrit
Salz, Pfeffer

1. Das Hähnchenbrustfilet waschen, mit einem Küchenpapier abtupfen und in mundgerechte Stücke schneiden.

2. In einem tiefen Teller Parmesan, Kurkuma und die Mandeln vermengen.

3. In einem weiteren Teller das Ei verquirlen und mit Salz und Pfeffer würzen. Die Fleischstücke zuerst in Ei, danach in der Parmesan-Mandel-Mischung wälzen.

4. In einer Pfanne etwas Öl erhitzen. Die panierten Nuggets in die Pfanne geben und von beiden Seiten ca. 5 Minuten anbraten.

5. Für den Dip die Sahne in einer Schüssel steif schlagen. Den Joghurt mit Curry, Kurkuma, Xylit, Salz und Pfeffer würzen und danach unter die Sahne heben.

BURGER-ROLLE

4 Portionen   *Arbeitszeit: ca. 1 stunde*
Pro Portion: 303 kcal / 5,9 g KH / 19,6 g F / 24,5 g P

Für die Rolle:
200 g Magerquark
100 g geriebener Käse (z. B. Emmentaler)
2 Eier
Salz, Pfeffer
optional noch 1 Msp. Johannisbrotkernmehl

Für die Füllung:
1 Zwiebel oder Lauch
1 Knoblauchzehe
1 Tomate
etwas Öl zum Braten
125 g Hackfleisch
Salz, Pfeffer
Paprikapulver, edelsüß
2 Gewürzgurken
etwas Salat
2 Scheiben Schmelzkäse

Für die Sauce:
2 EL Schmand
1 TL Senf
1 EL Ketchup oder Low-Carb-Ketchup (siehe Seite 103)
Salz, Pfeffer

optional noch Knoblauch

1. Den Ofen auf 180 °C Umluft vorheizen.
2. Zwiebel und Knoblauch schälen (Lauch putzen und waschen), Tomate waschen. Das Gemüse klein schneiden.
3. Alle Zutaten für die Rolle in einer Schüssel gut vermischen.

4. Ein Backblech mit Backpapier auslegen und den Teig rechteckig dünn darauf streichen und ca. 20 Minuten im Ofen backen. Anschließend Teig etwas auskühlen lassen.

5. In der Zwischenzeit Öl in einer Pfanne erhitzen, Zwiebel und Knoblauch darin anbraten, Hackfleisch dazugeben, gar braten und mit den Gewürzen würzen.

6. Währenddessen Gewürzgurken in Streifen schneiden und Salat waschen und trocken schütteln.

7. Alle Zutaten für die Sauce in einer Schüssel gut vermischen.

8. Nun zunächst die Sauce auf dem gebackenen Teig verteilen. Danach mit Hackfleisch, Schmelzkäse, Tomaten, Gewürzgurken und Salat belegen. Burger-Rolle einrollen und in gewünschte Portionen schneiden.

Tipp:

Wenn Sie nur die Füllung mit der Sauce mischen, bekommen Sie einen leckeren Burger-Salat!

DEFTIGE KLASSIKER

ZUCCHINILASAGNE

4 Portionen
Pro Portion: 343 kcal / 11,2 g KH / 19,5 g F / 29,4 g P

> 2–3 große Zucchini (ca. 600 g)
> 1 kleine Zwiebel
> 1 Knoblauchzehe
> etwas Olivenöl zum Braten und Einfetten
> 300 g Hackfleisch
> 400 g stückige Tomaten (aus der Dose)
> 2 EL Tomatenmark
> 1 EL Gemüsebrühepulver (glutenfrei)
> Paprikapulver, edelsüß
> Salz und Pfeffer getrockneter Thymian und Basilikum
> 150 g geriebener Käse (glutenfrei)

1. Die Zucchini putzen, gut waschen und längs in dünne Scheiben schneiden.

2. Zwiebel und Knoblauch schälen, fein hacken und in einer Pfanne mit etwas Olivenöl andünsten. Anschließend das Hackfleisch dazugeben und kurz anbraten.

3. Mit den stückigen Tomaten ablöschen.

4. Tomatenmark, Gemüsebrühepulver, Gewürze und Kräuter dazugeben und alles 15 Minuten köcheln lassen.

5. Währenddessen den Ofen auf 180 °C Umluft vorheizen.

6. In eine kleine gefettete Auflaufform (ca. 30x15x5cm) erst etwas von der Hackfleischsauce verteilen, dann mit Zucchinischeiben auslegen. Wieder etwas Hackfleisch und anschließend erneut Zucchinischeiben darauf verteilen. So fortfahren, bis alles aufgebraucht ist.

7. Mit Zucchinischeiben abschließen, Käse darauf verteilen und Lasagne ca. 30 Minuten im Ofen backen. Wenn der Käse zu schnell braun wird, einfach mit Alufolie abdecken.

SCHNITZEL MIT POMMES

2 Portionen
Pro Portion Schnitzel: 464 kcal / 2,3 g KH / 30,9 g F / 17,9 P
Pro Portion Pommes: 105 kcal / 5,6 g KH / 7,2 g F / 2,9 g P

Für die Pommes:
300 g Kohlrabi
Paprikapulver, edelsüß
Salz, Pfeffer
1 EL Öl

Für die Schnitzel:
2 Eier
50 g gemahlene Mandeln
30 g geriebener Käse oder Parmesan
2 mittelgroße Schnitzel (Hähnchen, Pute oder Schwein,
ca. 100 g pro Stück)
Öl zum Braten

1. Den Backofen auf 230 °C Ober-/Unterhitze vorheizen.
2. Die Kohlrabi schälen und in längliche Stifte schneiden (Pommes-Form).
3. Die Gewürze mit dem Öl in einer Schüssel gut vermischen und die Kohlrabistifte darin wenden.
4. Kohlrabi-Pommes auf einem mit Backpapier ausgelegten Backblech verteilen und auf mittlerer Schiene 20–25 Minuten goldbraun backen. Alle 10 Minuten kurz die Ofentür öffnen, damit der Dampf entweichen kann, und die Pommes dabei wenden.
5. In der Zwischenzeit in einem tiefen Teller die Eier verquirlen.
6. In einem anderen Teller die Mandeln und den Käse vermischen.
7. Das Fleisch flach klopfen und erst im Ei und anschließend in der Mandel-Käse-Panade wenden.

8. Ausreichend Öl in einer Pfanne erhitzen und Schnitzel darin von beiden Seiten goldbraun braten.

9. Schnitzel und Pommes auf einem Teller servieren, dazu schmeckt Low-Carb-Ketchup, siehe Seite 103.

KOHLRABIGRATIN

Die Low-Carb-Alternative zum Kartoffelgratin
4 Portionen
Pro Portion: 345 kcal / 14,6 g KH / 23 g F / 18,2 g P

> **3 Kohlrabi (geschält ca. 800 g)**
> **1 Knoblauchzehe**
> **200 ml Sahne**
> **300 ml Milch**
> **¼ TL Muskat**
> **1 EL Gemüsebrühepulver**
> **etwas Pfeffer und Paprikapulver, edelsüß**
> **150 g geriebener Käse**

1. Die Kohlrabi schälen, halbieren und jede Hälfte in ca. 3 mm dünne Scheiben schneiden.

2. Kohlrabischeiben in einen Topf geben.

3. Knoblauch schälen, in den Topf pressen. Sahne, Milch und Gewürze dazugeben und alles langsam zum Kochen bringen. 10 Minuten köcheln lassen, dabei immer wieder vorsichtig umrühren.

4. Währenddessen den Backofen auf 200 °C Umluft vorheizen.

5. Kohlrabi mitsamt der Sahne-Milch-Mischung in eine Auflaufform (ca. 30x15x5cm) schütten und mit dem Käse bestreuen.

6. Auflauf in den Ofen schieben und 25 Minuten backen, bis der Käse goldbraun ist. Bei Bedarf mit Alufolie bedecken, falls der Käse zu schnell dunkel wird.

FLAMMKUCHEN

2 Portionen
Pro Portion: 311 kcal / 10,9 g KH / 14,5 g F / 20,2 g P

Für den Teig:
3 Eier
50 g Quark
½ TL Backpulver
Salz

Für den Belag:
2 Zwiebeln
100 g Kefir
25 g Frischkäse
50 g Quark
1 EL Olivenöl
80 g Schinkenwürfel

1. Den Backofen auf 180 °C Umluft vorheizen.

2. Zwiebeln schälen und in dünne Scheiben schneiden.

3. Die Eier trennen und das Eiweiß in einer Schüssel steif schlagen.

4. Eigelb in einer zweiten Schüssel mit Quark, Backpulver und 1 Prise Salz vermischen.

5. Den Eischnee vorsichtig unterheben und die Masse auf ein mit Backpapier ausgelegtes Backblech streichen.

6. Das Blech in den heißen Ofen schieben und Teig etwa 10–12 Minuten vorbacken.

7. Währenddessen Kefir in einer Schüssel mit Frischkäse, Quark und Olivenöl vermengen und anschließend auf dem vorgebackenen, noch warmen Boden verteilen.

8. Flammkuchen mit Zwiebeln und Schinkenwürfeln belegen und weitere 15 Minuten im Backofen fertigbacken.

SPAGHETTI BOLOGNESE

2 Portionen
Pro Portion: 340 kcal / 14,5 g KH / 23,5 g F / 14,6 g P

1 mittelgroße lange Zucchini (ca. 200 g)
1 lange Karotte
½ Zwiebel
2 Tomaten
etwas Öl zum Braten
100 g Hackfleisch

1 EL Tomatenmark
120 g passierte Tomaten (aus der Dose)
Paprikapulver, edelsüß
Salz, Pfeffer
Chilipulver
50 ml Sahne oder Milch

optional geriebener Käse oder Parmesan zum Bestreuen

1. Zucchini und Karotte putzen, waschen und mit einem Spiralschneider in Spaghettiform schneiden.
2. Zwiebel schälen und klein hacken. Tomaten waschen, Stielansatz entfernen und Fruchtfleisch in Würfel schneiden.
3. 1 EL Öl in einer Pfanne erhitzen, Zwiebel darin andünsten, dann das Hackfleisch dazugeben und anbraten.
4. Nun den Herd auf mittlere Hitze herunterschalten, nacheinander das Tomatenmark, die passierten Tomaten und die Gewürze dazugeben und gut vermischen.
5. Anschließend Sahne oder Milch dazugeben, damit eine schöne cremige Konsistenz entsteht. Zum Schluss die in Würfel geschnittenen Tomaten hinzufügen.
6. In einer zweiten Pfanne etwas Öl erhitzen und die Gemüse-Spaghetti darin weich braten.

7. Gemüse-Spaghetti auf Teller anrichten und Sauce darübergeben oder die Sauce noch zu den Zucchini-Nudeln in die Pfanne geben und gut vermischen.

8. Nach Belieben mit Käse oder Parmesan bestreuen.

KÄSESPÄTZLE MIT RÖSTZWIEBELN

2 Portionen
Pro Portion: 592 kcal / 7,5 g KH / 40 g F / 49,4 g P

225 g Magerquark

2 Eier

1 Prise Kurkuma

Salz

2 EL Guarkernmehl

100 g geriebener Emmentaler

100 g geriebener Bergkäse

Pfeffer

etwas Öl zum Einfetten

1 Zwiebel

1 EL Butter

optional frischer Schnittlauch oder Petersilie

1. Magerquark mit den Eiern und dem Kurkuma in einer Schüssel verrühren und etwas salzen.

2. Nach und nach das Guarkernmehl dazugeben und gut unterrühren, 10 Minuten quellen lassen. Es sollte ein zäher, aber nicht zu fester Teig entstehen.

3. Währenddessen einen großen Topf mit reichlich Salzwasser zum Kochen bringen.

4. Den Teig portionsweise auf ein Brett geben und mithilfe eines Schabers oder Messers in das kochende Wasser schaben oder durch eine Spätzlepresse drücken.

5. Die Spätzle so lange kochen, bis sie an der Wasseroberfläche schwimmen. Dann abschöpfen und in einem Sieb leicht abtropfen lassen.

6. Mit der nächsten Teigportion wieder so verfahren, bis der Teig aufgebraucht ist.

7. Den Ofen auf 180 °C Ober-/Unterhitze vorheizen.

8. Die Spätzle mit dem Emmentaler und 50 g Bergkäse vermischen und gut salzen und pfeffern. In eine gefettete Auflaufform oder backofenfeste Pfanne geben und mit dem restlichen Käse bestreuen.

9. Spätzle 10–15 Minuten im Ofen auf mittlerer Schiene backen, bis der Käse verlaufen ist.
Währenddessen die Zwiebel abziehen und in feine Scheiben schneiden.

10. Butter in einer Pfanne zerlassen und die Zwiebel darin bei niedriger Hitze goldbraun braten.

11. Die Spätzle aus dem Ofen nehmen, auf Tellern anrichten und mit den Zwiebeln und eventuell Kräutern garnieren.

GNOCCHI MIT FRUCHTIGER TOMATENSAUCE

2 Portionen
Pro Portion: 386 kcal / 13,5 g KH / 18 g F / 38,6 g P

Für den Teig:
2 Eier
350 g Magerquark
Salz
6 EL Guarkernmehl + etwas zum Bestäuben

Für die Sauce:
1 kleine Zwiebel
1 Knoblauchzehe
150 g Cocktailtomaten
½ Bund frisches Basilikum
1 EL Olivenöl
1 EL Tomatenmark
50 ml Wasser
Salz, Pfeffer
1 Prise Erythrit
40 g geriebener Parmesan

1. Für den Teig Eier, Magerquark, etwas Salz und Guarkernmehl in einer Schüssel gut vermengen. Teig ca. 20 Minuten quellen lassen, er sollte zäh, aber nicht zu klebrig sein.

2. Während der Quellzeit Zwiebel und Knoblauch abziehen und fein würfeln. Tomaten waschen und halbieren. Basilikum waschen, trocken schütteln und klein hacken.

3. Olivenöl in einer Pfanne erhitzen und die Zwiebelwürfel darin 2 Minuten andünsten, bis sie glasig sind. Den Knoblauch hinzugeben und weitere 2 Minuten dünsten lassen.

4. Tomatenmark dazugeben und kurz anrösten. Die Cocktailtomaten und das Wasser dazugeben und alles bei mittlerer Hitze weiter köcheln lassen.

5. Sauce mit Salz, Pfeffer und Erythrit würzen. Das Basilikum unterheben und die Pfanne vom Herd nehmen.

6. Salzwasser in einem großen Topf zum Kochen bringen.

7. Die Arbeitsfläche mit Guarkernmehl bestäuben und den Teig nach der Ruhezeit kurz durchkneten. Dann kleine Bällchen daraus formen und in Gnocchi-Form bringen. Mit einer Gabel die typischen Streifen eindrücken.

8. Die Teiglinge in das kochende Wasser geben und abschöpfen, sobald sie an der Wasseroberfläche schwimmen. Portionsweise auf Tellern anrichten und mit Tomatensauce und etwas geriebenem Parmesan servieren.

BACKCAMEMBERT

2 Portionen
Pro Portion: 698 kcal / 3,4 g KH / 56,6 g F / 40,3 g P

1 Ei
Salz
100 g gemahlene Mandeln
1 Prise Paprikapulver, edelsüß
2 Camemberts (jeweils ca. 125 g)
2 EL Öl

1. Den Backofen auf 180 °C Umluft vorheizen.

2. Das Ei in einem Teller verquirlen und etwas salzen.

3. Die gemahlenen Mandeln in einen zweiten Teller geben und mit etwas Salz und dem Paprikapulver vermischen.

4. Nun den Camembert erst in das Ei tunken und danach in der gewürzten Mandelpanade wälzen. Die Prozedur vorsichtig wiederholen, dann die panierten Camemberts auf ein mit Backpapier belegtes Backblech legen und 15 Minuten im Ofen backen.

5. Danach Öl in einer Pfanne erhitzen und Camemberts kurz von beiden Seiten goldbraun braten.

RISOTTO

2 Portionen
Pro Portion: 294 kcal / 5,1 g KH / 22,3 g F / 32,8 g P

250 g Shirataki-Reis
1 Knoblauchzehe
1 Zwiebel
300 g Champignons
1–2 EL Olivenöl
Salz, Pfeffer
70 ml Milch oder Sahne
2 Eigelbe
40 g geriebener Parmesan
frische Kräuter nach Belieben

1. Shirataki-Reis in ein Sieb geben, mit Wasser abspülen und gut abtropfen lassen.

2. Knoblauchzehe und Zwiebel abziehen und klein würfeln.

3. Champignons putzen und in Scheiben schneiden.

4. Olivenöl in einer Pfanne erhitzen und die Zwiebel- und Knoblauchwürfel und die Champignon-Scheiben darin anbraten. Mit Salz und Pfeffer würzen.

5. Den abgetropften Shirataki-Reis in die Pfanne geben. Alles gut vermischen und kurz weiterbraten. Dann die Hitze etwas reduzieren, Milch oder Sahne, Eigelbe und Parmesan unterrühren. Gewaschene und gehackte Kräuter nach Belieben hinzugeben und alles weitere 3 Minuten köcheln lassen.

Tipp:

Den Shirataki-Reis kann man auch durch Blumenkohlreis ersetzen. Einfach einen frischen Blumenkohl waschen, in Röschen teilen und diese mit einer Küchenmaschine zu Reiskorngröße zerkleinern.

CANNELLONI

2 Portionen
Pro Portion: 685 kcal / 16,8 g KH / 48,8 g F / 41,7 g P

1 kleine Zwiebel
2 EL Olivenöl
300 g Hackfleisch
Salz, Pfeffer
2 EL getrocknete (oder auch frische Kräuter) wie z. B. Petersilie, Oregano, Basilikum
2 mittelgroße Zucchini
50 ml Sahne (fettreduziert)
50 g geriebener Mozzarella
400 g stückige Tomaten (aus der Dose)

1. Backofen auf 160 °C Umluft vorheizen.
2. Die Zwiebel abziehen und in kleine Würfel schneiden.
3. 1 EL Olivenöl in eine Pfanne geben und das Hackfleisch und die Zwiebelwürfel darin anbraten.
4. Mit Salz, Pfeffer und getrockneten Kräutern würzen. Die Masse kurz abkühlen lassen.
5. Währenddessen die Zucchini putzen, waschen und mit einem Hobel oder Sparschäler in sehr dünne Scheiben schneiden.
6. Eine Auflaufform (ca. 25x20 cm) mit 1 EL Olivenöl einpinseln.
7. Mindestens 3 Zucchinischeiben etwas überlappend nebeneinanderlegen.
8. In die Hackfleischmasse die Sahne und etwa 20 g geriebenen Mozzarella einrühren und noch mal gut durchmischen.
9. Nun etwas von der Hackfleischfüllung quer auf die Zucchinischeiben legen und diese vorsichtig einrollen. Die Zucchini-Cannelloni mit den Enden nach unten in die gefettete Auflaufform legen, evtl. noch etwas Füllung an den Enden einfüllen. Den Vorgang wiederholen, bis die Zucchinischeiben aufgebraucht sind.

10. Für die Sauce die Reste der Hackfleischmasse, evtl. Reste der Zucchini (in kleine Stifte geschnitten) und die stückigen Tomaten vermischen und in die Auflaufform und auch über die Zucchini-Cannelloni geben.

11. Cannelloni mit dem restlichen Mozzarella bestreuen und 15–20 Minuten im Ofen garen und überbacken.

BEILAGEN

BLUMENKOHLREIS (ZUR ASIAPFANNE)

4 Portionen

Pro Portion Blumenkohlreis: 71 kcal / 5,9 g KH / 0,8 g F / 6,2 g P

Pro Portion Asiapfanne: 332 kcal / 10,9 g KH/ 14 g F / 38 g P

Für die Asiapfanne:
1 Karotte
1 Schalotte
1 Knoblauchzehe
1 rote Paprika
1 Chilischote
300 g weiße Champignons
250 g Brokkoli
300 g Weißkohl
500 g Hähnchenbrust
1 EL Olivenöl
200 ml Kokosmilch
30 g Erdnussbutter
Salz, Pfeffer

Für den Blumenkohlreis:
1 kg Blumenkohl
2 TL Salz

1. Die Karotte, die Schalotte und den Knoblauch schälen und klein würfeln.
2. Die Paprika und die Chili putzen, waschen und in kleine Stücke schneiden.
3. Die Champignons säubern und achteln.
4. Den Brokkoli putzen, waschen und in mundgerechte Stücke schneiden.
5. Beim Weißkohl den Strunk entfernen, Blätter waschen und in dünne Streifen schneiden.
6. Das Hähnchenfleisch abbrausen, mit einem Küchenpapier trocken tupfen und klein schneiden.
7. Olivenöl in einer Pfanne erhitzen und Schalotte darin andünsten. Das Hähnchenfleisch hinzugeben und scharf anbraten.

8. Dann die Pilze dazugeben und weiterbraten. Nach und nach Weißkohl, Karotte, Brokkoli und Paprika in die Pfanne geben und anbraten. Anschließend das Ganze mit Kokosmilch ablöschen.

9. Dann Knoblauch sowie Chili zum Gemüse geben. Die Erdnussbutter unterrühren und die Asiapfanne mit Salz und Pfeffer würzen. Auf niedriger Stufe köcheln lassen.

10. Für den Blumenkohlreis den Blumenkohl putzen, waschen, zerteilen und im Mixer zu Reiskorngröße zerkleinern. Dann in einen Topf mit kochendem Salzwasser geben und bissfest kochen.

11. Den Blumenkohlreis in ein Sieb abgießen, kurz abtropfen lassen und zu der Asiapfanne servieren.

BROKKOLIPÜREE

2 Portionen
Pro Portion: 140 kcal / 10,6 g KH / 1,3 g F / 15,7 g P

750 g Brokkoli
1 EL Frischkäse
Salz
Pfeffer
Muskat

1. Den Brokkoli putzen, waschen, zerteilen und in einem Topf mit Salzwasser ca. 20 Minuten kochen, bis er weich ist. Anschließend mit einem Pürierstab oder einem Kartoffelstampfer zu einem Püree verarbeiten.

2. Frischkäse einrühren und Püree mit Salz, Pfeffer und Muskat abschmecken.

Tipp:

Low-Carb-Püree kann man anstatt mit Brokkoli auch mit verschiedenen anderen Gemüsesorten wie z. B. Kohlrabi oder Blumenkohl zubereiten.

FALSCHER KARTOFFELSALAT MIT PUTENBRUST

4 Portionen
Pro Portion: 456 kcal / 13,8 g KH / 34,7 g F / 18,8 g P

700 g Kohlrabi
3 Eier
1 Zwiebel
150 g Putenschinken
100 g Essiggurken
100 g gekochte Erbsen
150 g Mayonnaise
50 g mittelscharfer Senf
5 EL Gurkenwasser
1 gestrichener TL Currypulver
Salz, Pfeffer
1 EL gehackte Petersilie

1. Die Kohlrabi schälen, in mundgerechte Stücke schneiden und in einem Topf mit leicht gesalzenem Wasser 10–15 Minuten weich kochen.

2. Währenddessen in einem zweiten Topf Wasser zum Kochen bringen und die Eier darin 6 Minuten kochen.

3. Zwiebel abziehen und klein schneiden.

4. Den Putenschinken und die Essiggurken klein schneiden und zusammen mit den gekochten Kohlrabi, der Zwiebel und den Erbsen in einer Schüssel vermengen.

5. Die Eier schälen, halbieren und das Eigelb herausholen. Das Eiweiß in Würfel schneiden.

6. Aus Eigelb, Mayonnaise, Senf, Gurkenwasser, Currypulver, Salz und Pfeffer in einer Schüssel ein cremiges Dressing herstellen.

7. Das Dressing mit dem gewürfelten Eiweiß unter die übrigen Zutaten heben und Salat mit Petersilie bestreut servieren.

Kohlrabi ist ein hervorragender Kartoffelersatz bei Püree, Pommes, im Gratin usw. Wer noch mehr Kohlenhydrate sparen möchte, kann in diesem Rezept die Erbsen weglassen bzw. durch ein Low-Carb-Gemüse ersetzen.

Bei Mayonnaise bitte beachten: Oft enthalten fettreduzierte Mayonnaise-Sorten viel mehr Kohlenhydrate als die Vollfett-Version!

KNÖDEL (MIT ROTWEIN-GULASCH)

2 Portionen
Pro Portion Gulasch: 452 kcal /14,5 g KH / 10,8 g F / 57,4 g P
Pro Portion Knödel: 328 kcal / 10,4 g KH / 11 g F / 38,6 g P

Für das Gulasch:
1 Zwiebel
¼ Stange Lauch
1 kleine Karotte
1 Stange Staudensellerie
etwas Öl zum Braten
500 g Rindergulasch
Salz, Pfeffer
1 EL Tomatenmark
150 ml Rotwein
400 ml Rinderfond
1 Zweig Rosmarin
1 Zweig Thymian
1 Lorbeerblatt

Für die Knödel:
500 g Blumenkohl, ohne Strunk
1 Ei
65 g Mandelmehl
20 g neutrales Proteinpulver
2 EL Kartoffelfasern
100 g Quark (20 %)
5 TL Guarkernmehl
1 TL Salz
Öl zum Formen der Knödel

1. Das Gemüse gegebenenfalls schälen, putzen, waschen und in kleine Würfel schneiden. In einem Bräter das Öl erhitzen und das Fleisch darin rundherum kräftig anbraten, salzen, pfeffern und herausnehmen.

2. Das Gemüse in den Bräter geben und anbraten. Tomatenmark zufügen und kurz mitrösten.

3. Fleisch wieder zufügen, Rotwein zugießen und etwas einköcheln lassen. Dann den Fond angießen.

4. Rosmarin und Thymian waschen, trocken schütteln und mit dem Lorbeerblatt in den Bräter geben.

5. Gulasch aufkochen und 1 ½–2 Stunden köcheln lassen. Gelegentlich umrühren und bei Bedarf etwas Wasser nachgießen.

6. Zum Schluss Kräuterzweige und Lorbeerblatt herausnehmen und Gulasch bei Bedarf mit Salz und Pfeffer nachwürzen.

7. Während das Gulasch kocht, für die Knödel den Blumenkohl waschen, klein schneiden, in einen Topf mit kochendem Wasser geben und weich kochen. Anschließend den Blumenkohl durch ein Sieb abgießen, in ein Küchentuch geben und gut ausdrücken. Danach pürieren und komplett abkühlen lassen.

8. Blumenkohlpüree mit den restlichen Knödel-Zutaten in einer Schüssel gut vermengen. Es sollte ein klebriger Teig entstehen. 15 Minuten quellen lassen.

9. Die Hände gut einölen und aus dem Teig Knödel formen.

10. Einen großen Topf mit Salzwasser zum Kochen bringen und von der Kochstelle nehmen. Sobald das Wasser nur noch siedet und nicht mehr kocht, die Knödel hineingeben und 15 Minuten ziehen lassen. Mit dem Schaumlöffel aus dem Wasser holen und mit dem Gulasch servieren.

Tipp:

Kartoffelfasern sind in Deutschland noch nicht so bekannt, in skandinavischen Ländern gehören sie jedoch fest in die Low-Carb-Küche.
Zur Herstellung der Fasern wird den Kartoffeln der Großteil der Stärke und des Wassers entzogen und das Ergebnis fein gemahlen. Kartoffelfasern sind sehr saugfähig und sorgen für einen kartoffeligen Geschmack z. B. in Gemüsepürees, Brot oder Knödeln, eignen sich aber auch zum Andicken von Saucen.

POMMES

2 Portionen
Pro Portion: 119 kcal / 7,4 g KH / 7,3 g F / 3,9 g P

400 g Kohlrabi
1 EL Öl
Gewürze nach Belieben, z. B. Salz, Pfeffer, Paprika, Currypulver, Pommesgewürz

1. Den Backofen auf 180 °C Umluft vorheizen.
2. Die Kohlrabi schälen und in Pommesstifte schneiden.
3. Das Öl in eine Schüssel geben und die gewünschten Gewürze hinzufügen. Kurz umrühren, dann die Kohlrabistifte hinzugeben und alles gut vermengen.
4. Pommes auf ein mit Backpapier ausgelegtes Backblech legen und ca. 25–30 Minuten im Ofen backen.
5. Alle 10 Minuten die Ofentür kurz öffnen, den Dampf entweichen lassen und die Pommes wenden.

Tipp:

Für Low-Carb-Pommes eignen sich auch Sellerie, Petersilienwurzel und Topinambur.

PIZZA UND PIZZABROT

PIZZA MIT ZUCCHINIBODEN

2 Portionen
Pro Portion: 588 kcal / 11,8 g KH / 38 g F / 47 g P

Für den Boden:
2 Zucchini (350 g unverarbeitet)
Salz
2 Eier
150 g geriebener Käse

Für den Belag:
150 g gekochter Schinken
½ rote Paprika
50 g geriebener Käse
Salz, Pfeffer
frische Kräuter nach Belieben, z. B. Oregano, Thymian

1. Zucchini putzen, waschen, raspeln, in einer Schüssel mit Salz vermengen und etwa 10 Minuten ziehen lassen.

2. Den Backofen auf 200 °C Umluft vorheizen.

3. Die geraspelten Zucchini in ein Küchentuch geben und die Flüssigkeit gut auspressen, dann in einer Schüssel mit Eiern und Käse vermischen. Anschließend die Masse kreisförmig auf einem mit Backpapier ausgelegten Backblech verteilen. Der Boden sollte nicht zu dick sein, sondern nur etwa ½–1 cm.

4. Den Zucchiniboden im Ofen auf mittlerer Schiene mindestens 25 Minuten backen, bis er gebräunt ist.

5. Währenddessen den gekochten Schinken in kleine Würfel schneiden. Paprika putzen, waschen und ebenfalls klein schneiden. Beides in einer Schüssel vermischen und mit Salz, Pfeffer und gewaschenen, gehackten Kräutern nach Belieben würzen.

6. Vorgebackenen Pizzaboden aus dem Ofen holen, Belag darauf verteilen und Pizza 10–15 Minuten im Ofen fertigbacken.

PIZZA MIT THUNFISCHBODEN

2 Portionen
Pro Portion: 420 kcal / 5,5 g KH / 16 g F / 58,7 g P

Für den Boden:
2 Dosen Thunfisch (in eigenem Saft, jeweils ca. 150 g Abtropf-
gewicht)
3 Eier
1 EL Mandelmehl
1 EL geschrotete Leinsamen

Für den Belag:
100 ml passierte Tomaten (aus der Dose)
Salz, Pfeffer
1 EL getrocknetes Basilikum
1 Knoblauchzehe
100 g Champignons
1 gelbe Paprika
30 g geriebener Käse

1. Den Backofen auf 160 °C Umluft vorheizen.

2. Thunfisch in einem Sieb abtropfen lassen und dann in einer Schüssel mit den Eiern, Mandelmehl und Leinsamen gut vermengen, bis eine einheitliche Masse entsteht.

3. Die Masse kreisförmig auf einem mit Backpapier belegten Backblech verteilen. Blech in den Ofen schieben und Pizza ca. 15 Minuten im Ofen backen.

4. Währenddessen die Tomatensauce zubereiten. Dafür die passierten Tomaten in einem Topf erwärmen, Salz, Pfeffer und Basilikum hinzufügen. Knoblauch schälen und in den Topf pressen, anschließend Sauce pürieren.

5. Champignons säubern, Paprika putzen, waschen und beides klein schneiden.

6. Den Pizzaboden wieder aus dem Ofen nehmen und die Tomatensauce gleichmäßig darauf verteilen. Die Pizza mit Champignons und Paprika belegen und geriebenen Käse darüberstreuen. Nun erneut ca. 15 Minuten in den Ofen geben, bis der Käse leicht geschmolzen ist.

Tipp:

Nur 1,7 g KH und viel Protein! Das Grundrezept des Bodens für 2 Portionen hat folgende Nährwerte pro Portion: 333 kcal / 1,7 g KH / 11,5 g F / 52 g F. Da im Pizzaboden Thunfisch enthalten ist, empfehlen wir einen Belag mit Gemüse und Käse.

PIZZA MIT BLUMENKOHLBODEN

2 Portionen
Pro Portion: 531 kcal / 11,9 g KH / 34 g F / 38 g P

Für den Boden:
400 g Blumenkohlröschen
2 Eier
150 g geriebener Käse
1 TL Salz
etwas Öl zum Bestreichen

Für den Belag:
1 l Wasser
150 g grüner Spargel
1 EL Butter
100 g frischer Blattspinat
100 g Zucchini
1 Knoblauchzehe
120 g passierte Tomaten (aus der Dose)
5 g Tomatenmark
Salz, Pfeffer
frische Kräuter nach Belieben,
z. B. Oregano, Thymian, Basilikum

1. Backofen auf 220° Ober-/Unterhitze vorheizen.

2. Die Blumenkohlröschen waschen, roh mit einer Küchenmaschine zu etwa reiskorngroßen Stücken zerkleinern und in eine Schüssel geben. Eier, Käse und Salz hinzufügen und alles zu einem breiigen Teig verkneten.

3. Ein Backblech mit Backpapier auslegen und dort, wo die Pizza aufgesetzt wird, mit etwas Öl bepinseln. Teig kreisförmig auf das Backpapier geben. Der Boden sollte nicht zu dick sein, nur ca. 0,5–1 cm.

4. Die Oberfläche des Bodens eventuell noch mit etwas Öl bepinseln, um die Bräunung zu unterstützen.

5. Den Pizzaboden nun im Ofen ca. 25–30 Minuten vorbacken, bis er eine schöne Bräunung erreicht hat.

6. Währenddessen den Belag und die Tomatensauce vorbereiten. Dazu einen großen Topf oder Spargeltopf mit mindestens 1 Liter Wasser zum Kochen bringen. Den grünen Spargel waschen und ca. 2 cm an den Enden abschneiden. Eventuell auch noch an den Enden schälen. Normalerweise ist das bei grünem Spargel allerdings nicht nötig. Da die Stangen sehr dünn sind, ist es von Vorteil, wenn man sie mit Küchengarn locker bündelt.

7. 1 EL Butter in das kochende Salzwasser geben und den Spargel ca. 8 Minuten darin kochen. Danach mit einem Schaumlöffel vorsichtig herausnehmen und abtropfen lassen.

8. Den Blattspinat waschen und abtropfen lassen. Die Zucchini putzen, waschen und in dünne Scheiben hobeln. Knoblauch schälen und grob klein schneiden.

9. Für die Sauce passierte Tomaten, Tomatenmark, Knoblauch, Gewürze und gewaschene Kräuter pürieren und dann abschmecken.

10. Den vorgebackenen Pizzaboden aus dem Ofen nehmen, die Sauce auftragen und Pizza dann mit Zucchinischeiben, Spargel und Spinat belegen. Anschließend 10 Minuten im Ofen fertigbacken.

Tipp:

Der Blumenkohlboden kann vielfältig belegt werden und hat nur 5,5 g KH pro Portion! Das Grundrezept des Bodens für 2 Portionen weist folgende Nährwerte pro Portion auf: 436 kcal / 5,5 g KH / 29,3 g F / 33,2 g F.

PIZZA PICCOLINIS

Ca. 8 Piccolinis
Pro Stück: 60 kcal / 1,3 g KH / 4 g F / 4,2 g P

1 Aubergine (ca. 300 g)
Salz
8 Cocktailtomaten
100 g geriebener Käse

1. Backofen auf 180 °C Umluft vorheizen.

2. Die Aubergine waschen, die Enden abschneiden und das Fruchtfleisch in ca. 2 cm dicke Scheiben schneiden und leicht salzen. Kurz ziehen lassen.

3. Die Cocktailtomaten waschen und in Scheiben schneiden.

4. Das austretende Wasser auf den Auberginen-Scheiben mit einem Küchenpapier abtupfen, dann die Scheiben auf ein mit Backpapier ausgelegtes Backblech legen. Mit Tomaten und Käse belegen.

5. Piccolinis ca. 15–20 Minuten im Ofen backen.

Tipp:

Die Piccolinis lassen sich nach Belieben auch mit Schinken, Salami, Champignons und Gewürzen wie Pizzagewürz, Basilikum oder Oregano belegen. Schmeckt auch sehr lecker, wenn man dicke Zucchinischeiben verwendet!

PIZZABROT

8 Stück
Pro Stück: 154 kcal / 1,2 g KH / 7,8 g F / 15,9 g P

1 Knoblauchzehe
100 g Goldleinsamenmehl
100 g neutrales Eiweißpulver
30 g Kokosmehl
10 g Flohsamenschalen
1 Ei
1 TL Salz
1 EL Oregano
etwas Backpulver
etwas Weizen- oder Mandelmehl zum Ausrollen
2 EL Olivenöl zum Beträufeln

1. Den Backofen auf 200 °C Ober-/Unterhitze vorheizen.

2. Knoblauch schälen und in eine Schüssel pressen. Alle weiteren Zutaten dazugeben und miteinander vermengen, bis ein gleichmäßiger Teig entsteht.

3. Den Teig anschließend zu 8 gleich großen Kugeln formen und diese auf einer bemehlten Arbeitsfläche dünn ausrollen.

4. Die kleinen Pizzabrote auf ein mit Backpapier ausgelegtes Gitter legen und im Ofen ca. 10 Minuten backen.

5. Wenn die Brote fertiggebacken sind, in dünne Scheiben schneiden und noch warm mit Olivenöl beträufeln.

Tipp:

Passt sehr gut zu leckeren Salaten, eignet sich aber auch zum Dippen!
Wer variieren möchte, kann nach Belieben Schinkenwürfel, Käse, gehackte Oliven und Gewürze wie Basilikum oder Pizzagewürz in den Teig mischen!

BROT UND BRÖTCHEN

BRÖTCHEN

6 Brötchen
Pro Brötchen: 168 kcal / 5,8 g KH / 8,1 g F / 13,6 g P

50 g Sonnenblumenkerne
25 g Chia-Samen
150 g Hüttenkäse
150 g Quark
4 Eier
30 g Flohsamenschalenpulver
1 TL Backpulver
1 Prise Salz

optional Sonnenblumenkerne, Kürbiskerne, Sesamsamen zum Bestreuen

1. Den Backofen auf 170 °C Umluft vorheizen.
2. Die Sonnenblumenkerne und die Chia-Samen in einer Küchenmaschine zu einem feinen Mehl zerkleinern.
3. Hüttenkäse, Quark und Eier in einer Schüssel miteinander verrühren.
4. Das Sonnenblumen-Chia-Mehl mit dem Flohsamenschalenpulver, dem Backpulver sowie dem Salz hinzufügen und alles gründlich verrühren.
5. Aus dem Brötchenteig 6 gleich große Kugeln formen, diese auf ein mit Backpapier ausgelegtes Backblech legen und etwas eindrücken.
6. Die Brötchen nach Belieben mit Kernen und Samen bestreuen und ca. 30–40 Minuten im Ofen backen.
7. Die Brötchen sind fertig, wenn sie eine schöne Bräune angenommen haben. Vor dem Verzehr etwas abkühlen lassen.

LAUGENBRÖTCHEN

8 Brötchen
Pro Brötchen: 231 kcal / 10,7 g F / 7,8 g KH / 32,6 g P

300 ml Milch
1 TL Honig
1 Päckchen Hefe
150 g Glutenpulver/Weizenkleber
100 g Mandelmehl
30 g Kokosmehl
45 g Kichererbsenmehl
50 g Schweineschmalz
1 TL Salz
2 ½ l Wasser
2 ½ TL Natron
1 TL grobes Salz

1. Die Milch in einen Topf geben und leicht erwärmen, Honig dazugeben und die Hefe in der Milch auflösen.

2. Das Glutenpulver mit dem Mandel-, Kokos- und Kichererbsenmehl in eine Rührschüssel geben und vermischen. Dann das Schweineschmalz und das Salz hinzugeben.

3. Die Hefe-Milch-Mischung zum Mehl gießen und anschließend alles gut verkneten.

4. Den Teig mindestens 1 Stunde an einem warmen Ort zugedeckt ruhen lassen.

5. Nach der Ruhezeit aus dem Teig Brötchen formen und diese noch mal 20 Minuten gehen lassen.

6. Den Backofen auf 200 °C Ober-/Unterhitze vorheizen.

7. Das Wasser mit dem Natron in einem Topf zum Kochen bringen. Die Brötchen nacheinander ca. 20 Sekunden eintauchen. Dann auf ein mit Backpapier belegtes Blech legen, mit grobem Salz bestreuen und ca. 30 Minuten im Ofen backen.

8. Wenn die Laugenbrötchen eine schöne dunkle Farbe haben, aus dem Ofen holen und abkühlen lassen.

BROT

1 Brot/ca. 12 Scheiben
Pro Scheibe: 103 kcal / 2,8 g KH/ 4,2 g F/ 11,7 g P

250 g Magerquark
3 Eier
200 g Mandelmehl
1 EL Flohsamenschalen
1 TL Salz
40 g Sonnenblumenkerne

1. Den Backofen auf 160 °C Umluft vorheizen.

2. Quark, Eier und Mandelmehl in einer Schüssel vermengen, bis eine gleichmäßige Masse entsteht. Flohsamenschalen und Salz dazugeben und erneut gut vermischen.

3. Die Hälfte der Sonnenblumenkerne gleichmäßig unter den Teig mischen und die Masse zu einem Laib kneten oder in eine gefettete Brotbackform geben.

4. Die restlichen Sonnenblumenkerne auf den Teig streuen und das Brot ca. 50 Minuten im Ofen backen.

BAGELS

3 Bagels
Pro Bagel ohne Belag: 187 kcal / 3,83 g KH / 10,8 g F / 16,8 g P

> **25 g Leinsamenmehl oder fein gemahlene geschrotete Leinsamen**
> **25 g gemahlene Mandeln**
> **15 g Flohsamenschalen**
> **½ Teelöffel Backpulver**
> **Gewürze nach Belieben, z. B. Salz, Pfeffer, Chili, Knoblauch**
> **165 g Speisequark (40 % Fett)**
> **2 Eier**
> **10 g Sesamsamen, Sonnenblumenkerne etc. als Topping**

1. Den Backofen auf 160 °C Umluft vorheizen.
2. Alle trockenen Zutaten in einer Schüssel vermischen.
3. Speisequark und die Eier hinzufügen und die Masse zu einem homogenen Teig kneten.
4. Den Teig etwa 5 Minuten stehen lassen, damit die Flohsamenschalen aufquellen können und der Teig fester wird.
5. Mit feuchten Händen 3 Kugeln formen, etwas flach drücken und mit dem Finger ein Loch in die Mitte bohren und etwas weiten.
6. Die Teiglinge auf ein mit Backpapier ausgelegtes Backblech setzen und nach Belieben mit Sesamsamen, Sonnenblumenkernen etc. bestreuen und diese etwas andrücken.
7. Bagels 35–40 Minuten im Ofen backen, dann herausnehmen und abkühlen lassen.
8. Nach Lust und Laune belegen, z.B. mit Salat, Gemüse, Lachs, Käse oder Schinken.

SUSHI

GURKENSUSHI

2 Portionen
Pro Portion: 304 kcal / 10,6 g KH / 21,7 g F / 14,9 g P

> **1 Salatgurke**
> **100 g geräucherter Wildlachs**
> **½ Avocado**
> **1 Frühlingszwiebel**
> **1 kleine Karotte**
> **30 g Frischkäse (12 % Fett)**
> **20 g Sesam**

1. Die Gurke schälen und in 3 Teile von ca. 7 cm Länge schneiden.

2. Ein langes scharfes Messer anfeuchten und ein Gurkenstück ca. 3 mm einschneiden.

3. Die Gurke langsam drehen und weiter spiralförmig bis zur Mitte einschneiden.

4. Den Abstand von ca. 3 mm möglichst beibehalten. Das ergibt dann eine ca. 10 cm lange Gurkenspirale.

5. Den Wildlachs in Streifen schneiden.

6. Avocado halbieren, Kern entfernen, Fruchtfleisch aus der Schale heben und in Streifen schneiden.

7. Die Frühlingszwiebel putzen, waschen und in Ringe schneiden.

8. Die Karotte putzen, schälen und in Stifte schneiden.

9. Einen Topf mit Wasser aufsetzen und die Karottenstifte darin 3 Minuten blanchieren. Danach durch ein Sieb abgießen und abkühlen lassen.

10. Für das Gurkensushi die Gurkenspirale ausrollen und auf ein Brett legen (lange Seiten rechts und links, kurze Seiten oben und unten).

11. Auf der unteren Hälfte der Gurke Lachs, Avocado und Karotte verteilen. Auf der oberen Hälfte etwas Frischkäse zum Verschließen der Rolle verstreichen.

12. Die Rolle nun von unten vorsichtig mit gleichmäßigem Druck aufrollen. Durch den Frischkäse sollte die Rolle gut zusammenhalten.

13. Die Gurken-Rolle in Scheiben schneiden und diese mit Sesam und Frühlingszwiebeln bestreut servieren.

14. Dazu passen sehr gut Sojasauce, Wasabipaste und eingelegter Ingwer.

SUSHI MIT BLUMENKOHLREIS

4 Portionen
Pro Portion: 238 kcal / 6,5 g KH / 9,1 g F / 29 g P

---

500 g Blumenkohl, ohne Strunk

3 TL Flohsamenschalen

3 TL Apfelessig

100 g geräucherter Wildlachs

6 vorgekochte Garnelen

½ Avocado

100 g Salatgurke

1 kleine Karotte

4–6 Noriblätter

Wasabipaste

Bambus-Sushimatte

---

1. Den Blumenkohl waschen und trocken tupfen. In einer Küchenmaschine oder mit einer Reibe zu Reiskorngröße zerkleinern.

2. Den rohen Blumenkohlreis in eine Schüssel geben und mit Flohsamenschalen und Apfelessig vermischen. 15 Minuten quellen lassen und gelegentlich umrühren.

3. Währenddessen den Lachs und die Garnelen in Streifen schneiden.

4. Die Avocado aufschneiden, entkernen, Fruchtfleisch aus der Schale heben und in Scheiben schneiden.

5. Die Gurke und die Karotte putzen, schälen und in Stifte schneiden.

6. Einen Topf mit Wasser aufsetzen und die Karottenstifte 3 Minuten blanchieren. Danach durch ein Sieb abgießen und abkühlen lassen.

7. Ein Nori-Blatt evtl. auf die gewünschte Größe zuschneiden und auf die Bambusmatte legen. Man kann mehrere Rollen auch mit unterschiedlichen Füllungen zubereiten.

8. Auf ca. ½ des Nori-Blattes einen Teil Blumenkohlreis auftragen und andrücken.

9. An den Seiten etwas Rand lassen, damit der Blumenkohlreis beim Rollen nicht herausfällt.

10. Etwas Wasabi-Paste auf die Reislage streichen.

11. Auf der Mitte der Blumenkohlreisfläche die vorbereiteten Zutaten in der gewünschten Zusammensetzung verteilen.

12. Das Nori-Blatt nun mit der Matte vorsichtig aufrollen und nach jeder Umdrehung leicht andrücken. Damit weitermachen, bis das Ende des Nori-Blatts fast erreicht ist. Um die Rolle zu verschließen, das Nori-Blatt mit Wasser anfeuchten, die Rolle zu Ende formen und wieder andrücken.

13. Jetzt kann man die restlichen Zutaten noch zu weiteren Rollen mit gewünschtem Inhalt verarbeiten.

14. Rollen kalt stellen und zum Servieren in mundgerechte Röllchen schneiden.

15. Dazu schmecken Sojasauce, Wasabipaste, eingelegter Ingwer.

Tipp:

Mann kann den Blumenkohlreis auch kurz in der Mikrowelle andünsten oder im Topf blanchieren. Danach die Flüssigkeit aber gut ausdrücken.

SANDWICH UND TACO

SANDWICH-BAGUETTE

2 Portionen
Pro Portion (ohne Sauce): 643 kcal / 8,2 g KH / 33,2 g F / 72,1 g P

Für die Baguettes:
3 Eier
1 Prise Salz
100 g Magerquark
Pfeffer
Paprikapulver, edelsüß
Körner zum Bestreuen

Für den Belag:
100 g Eisbergsalat
½ rote Zwiebel
2 eingelegte Gurken
300 g Hähnchenfleisch
Paprikapulver, edelsüß
Pfeffer
etwas Öl zum Braten
100 g Mozzarella
100 g Gouda

1. Die Eier trennen. Das Eiweiß mit dem Salz in einer Schüssel sehr steif schlagen.

2. Eigelbe, Magerquark und Gewürze in einer anderen Schüssel vermengen und anschließend das Eiweiß vorsichtig unterheben. Alles gut zu einem Teig vermischen.

3. Aus dem Teig 4 gleich große Baguettes formen, auf ein mit Backpapier ausgelegtes Backblech legen und mit Körnern nach Belieben bestreuen. Dann ca. 20 Minuten im Ofen backen und danach abkühlen lassen.

4. Währenddessen die Barbecue-Sauce (siehe Seite 104) oder den Low-Carb-Ketchup (siehe Seite 103) vorbereiten.

5. Den Salat waschen, trocken schütteln und klein zupfen.

6. Die Zwiebel abziehen, in Ringe und die eingelegten Gurken in Scheiben schneiden.

7. Das Hähnchenfleisch waschen, mit einem Küchenpapier trocken tupfen, in Scheiben schneiden und mit Paprikapulver und Pfeffer würzen.

8. Etwas Öl in einer Pfanne erhitzen und das Fleisch darin auf mittlerer Hitze goldbraun braten.

9. Mozzarella und Gouda klein schneiden.

10. Die Baguettes nun der Länge nach aufschneiden, das Unterteil mit Barbecue-Sauce oder Low-Carb-Ketchup bestreichen und mit den vorbereiteten Zutaten belegen. Deckel darauflegen und Baguette-Sandwich servieren.

TACO

10 Tacos
Pro Taco: 134 kcal / 0,9 g KH / 9,1 g F / 8,8 g P
Pro Portion Chili-Füllung: 139 kcal / 6,1 g KH / 9,2 g F / 11 g P

Für die Tacos:
110 g Goldleinsamenmehl
100 g Mandelmehl
30 g Kokosmehl
8 g Flohsamenschalen
1 Ei
1 TL Salz
50 g Schweineschmalz
200 ml warmes Wasser
etwas Mandelmehl zum Ausrollen

Für die Chili-Füllung:
1 Schalotte
1 Knoblauchzehe
2 mittelgroße Karotten
1 rote Paprika
1 gelbe Paprika
1 grüne Paprika
1 Chilischote
etwas Öl zum Braten
500 g Rinderhack
400 g stückige Tomaten (aus der Dose)
200 g rote Kidneybohnen
Salz, Pfeffer, Oregano
1 EL stark entöltes Kakaopulver (ungesüßt)

1. Die Schalotte, den Knoblauch und die Karotten schälen und klein würfeln.

2. Die Paprikas und die Chilischote putzen, entkernen, waschen und in kleine Stücke (die Chili in sehr kleine Stücke!) schneiden.

3. Öl in einer Pfanne erhitzen und Schalotte darin andünsten. Dann das Rinderhack hinzugeben und scharf anbraten.

4. Die stückigen Tomaten unterrühren.

5. Die Kidneybohnen in ein Sieb geben, mit Wasser abspülen und abtropfen lassen. Dann ebenfalls in die Pfanne geben.

6. Die Karotten- und Paprikastücke hinzugeben, Knoblauch sowie Chili einrühren.

7. Alles mit Salz, Pfeffer, Oregano und Kakaopulver würzen und auf niedriger Stufe ca. 15 Minuten köcheln lassen.

8. Währenddessen die Tacos zubereiten.

9. Den Backofen auf 180 °C Umluft vorheizen.

10. Alle Taco-Zutaten in einer Schüssel zu einem zähen Teig verarbeiten. Aus dem Teig 10 Kugeln formen und diese auf einer bemehlten Arbeitsfläche dünn ausrollen. Mit einem Topfdeckel (ca. 20 cm Ø) als Schablone Kreise ausschneiden.

11. Backpapier in 4 Stücke schneiden und die rohen Tacos darauflegen. Nun über das Backgitter hängen mit einem Abstand von immer 2 Streben. Anschließend im Ofen 10 Minuten goldbraun backen. Tacos vorsichtig abnehmen und mit dem fertigen Chili befüllen.

12. Nach Belieben noch etwas Reibekäse und/oder Schmand daraufgeben und genießen.

ZUM KNABBERN

ZUCCHINI-CHIPS

2 Snack-Portionen
Pro Portion: 93 kcal / 3,3 g KH / 7,5 g F / 2,4 g P

> **1 mittelgroße Zucchini (ca. 300 g)**
> **1 EL Olivenöl**
> **Gewürze nach Belieben, z. B. Salz, Pfeffer, Pommes-Gewürz,**
> **Paprikapulver (edelsüß), Knoblauchpulver, Rosmarin**

1. Den Ofen auf 180 °C Umluft vorheizen.
2. Ein Backblech mit Backpapier belegen.
3. Die Zucchini waschen, die Enden abschneiden und die Zucchini in sehr dünne Scheiben hobeln.
4. Das Öl mit den Gewürzen in einer Schüssel vermischen und die Zucchini dazugeben. Alles gut durchrühren.
5. Die Zucchini-Scheiben möglichst eng auf dem Backblech verteilen, sie sollten aber nicht überlappen. Evtl. noch ein weiteres Blech verwenden oder den Vorgang wiederholen.
6. Chips im Ofen ca. 40–45 Minuten backen. Nach der Hälfte der Zeit einmal wenden.

SALAMI-CHIPS

2 Snack-Portionen
Pro Portion: 198 kcal / 2 g KH / 17,8 g F / 10,2 g P

100 g Salami (am Stück)
Salz, Pfeffer
Paprikapulver, edelsüß
Chilipulver

1. Backofen auf 180 °C Ober-/Unterhitze vorheizen.
2. Die Salami in sehr dünne Scheiben (ca. 1 mm) schneiden. Da in der Salami genügend Fett vorhanden ist, wird kein Öl benötigt.
3. Die Scheiben in einer Schüssel nach Geschmack mit Salz, Pfeffer, Paprikapulver und Chili würzen.
4. Salami auf einem mit Backpapier ausgelegten Backblech verteilen und 10–15 Minuten im Ofen backen. Alle 5 Minuten kurz die Türe öffnen und den Dampf entweichen lassen, damit die Chips schön knackig werden.
5. Zum Schluss Salami-Chips herausnehmen, auf einem Küchentuch ausbreiten und abkühlen lassen.

KÄSE-CHIPS

4 Snack-Portionen
Pro Portion: 223 kcal / 0,3 g KH / 16 g F / 19,7 g P

150 g grob geriebener Parmesan
100 g grob geriebener Gouda
Gewürze nach Belieben, z. B. 1 EL Paprikapulver (edelsüß)
oder
1 EL Kräuter der Provence oder 1 EL Knoblauchgranulat

1. Den Ofen auf 180 °C Umluft vorheizen.
2. Ein Backblech mit Backpapier belegen.
3. Parmesan, Gouda und Gewürze in einer Schüssel vermengen.
4. Die Käsemischung mithilfe eines Esslöffels als kleine Häufchen auf dem Blech platzieren. Unbedingt genügend Abstand lassen, denn die Häufchen zerlaufen ziemlich. Ggf. müssen mehrere Bleche befüllt werden.
5. Die Käsechips 15 Minuten auf mittlerer Schiene backen und danach komplett abkühlen lassen.

SAUCEN UND DIPS

LOW-CARB-KETCHUP

Ca. 400 g
Pro Portion (ca. 20 g): 22 kcal / 1,5 g KH / 0,8 g F / 0,4 g P

1 kleine Zwiebel
2 Knoblauchzehen
1 EL Olivenöl
400 g stückige Tomaten (aus der Dose)
2 Lorbeerblätter
2 EL Apfelessig
2 EL Xylit
1 TL Currypulver
1 TL Paprikapulver, edelsüß
je eine Prise Salz und Pfeffer

optional etwas Chilipulver

1. Zwiebel und Knoblauchzehen schälen und klein würfeln. Olivenöl in einem Topf bei mittlerer Hitze erwärmen und Zwiebel und Knoblauch darin anschwitzen.

2. Die Tomaten, die Lorbeerblätter sowie den Apfelessig hinzugeben und alles zum Köcheln bringen. Nun Xylit und die Gewürze unterrühren und alles etwa 30 Minuten lang bei geringer Hitze köcheln lassen, bis der Ketchup eine cremige Konsistenz erreicht hat.

3. Das Ganze noch einmal abschmecken, eventuell mehr Schärfe oder Süße hinzufügen.

4. Die Lorbeerblätter entfernen und Ketchup anschließend mit einem Pürierstab pürieren.

Tipp:

Low-Carb-Ketchup am besten auf Vorrat herstellen. Noch heiß in ein sauberes Einmachglas füllen, gut verschließen, auf den Kopf stellen und den Ketchup komplett auskühlen lassen, ehe er im Kühlschrank aufbewahrt wird.

BARBECUE-SAUCE

Ca. 250 g
Pro Portion (ca. 50 g): 20 kcal / 4,2 g KH / 0,1 g Fett / 0,7 g P

½ rote Zwiebel
1 Knoblauchzehe
25 g Tomatenmark
175 g passierte Tomaten (aus der Dose)
10 ml dunkler Balsamico
20 g Puder-Erythrit
20 ml Apfelessig
Meersalz
Paprikapulver, edelsüß
Pfeffer

1. Die Zwiebel und den Knoblauch schälen, in sehr kleine Würfel schneiden und in eine Schale geben.
2. Die restlichen Zutaten hinzufügen und Sauce mit Meersalz, Paprikapulver und Pfeffer abschmecken.
3. Die Sauce kann als stückiger Dip oder glatt püriert verwendet werden.

Tipp:

Rauchsalz und Sojasauce für einen rauchigen Geschmack hinzufügen.

FRISCHKÄSEDIPS

Für je ein kleines Glas (100 g)
Pro 100 g Schnittlauch-Senf-Dip: 112 kcal / 3,8 KH / 4,5 g F / 13,2 g P
Pro 100 g Tomate-Basilikum-Dip: 109 kcal / 5 KH/ 4,1 g F / 12,5 g P
Pro 100 g Curry-Dip: 105 kcal / 4,3 KH / 4,2 g F / 12,2 g P

Für den Schnittlauch-Senf-Dip:
100 g Frischkäse
2 EL Schnittlauch, gehackt
1 TL Senf
Salz, Pfeffer

Für den Tomate-Basilikum-Dip:
100 g Frischkäse
5 Blätter Basilikum, fein gehackt
½ TL Tomatenmark
3 Kirschtomaten, klein gewürfelt
Salz, Pfeffer

Für den Curry-Dip:
100 g Frischkäse
½ TL Currypulver
1 Prise Kreuzkümmel
1 Prise Chili
Salz, Pfeffer

1. Jeweils den Frischkäse in einer Schüssel glatt rühren und mit den restlichen Zutaten vermengen.
2. Dips in verschließbare Gläser füllen und bis zum Servieren kalt stellen.

DESSERTS UND SÜSSSPEISEN

PANNA COTTA

2 Portionen
Pro Portion: 307 kcal / 5,5 g KH / 30,1 g F / 3,5 g P

1 Vanilleschote
200 ml Schlagsahne
40 g Xylit
2 Blatt Gelatine oder 1 Beutel vegetarisches Geliermittel oder
5 g Agar-Agar

optional Beerenpüree oder Beeren zur Dekoration

1. Die Vanilleschote längs aufschneiden und das Mark herauskratzen.
2. Sahne, Vanillemark, Vanilleschote und Xylit in einen Topf geben und zum Kochen bringen.
3. 10 Minuten leicht köcheln lassen, dann die Vanilleschote entfernen.
4. Nun das Geliermittel (Gelatine vorher in kaltem Wasser einweichen) unter ständigem Rühren dazugeben. Bei Verwendung von Agar-Agar Sahnegemisch mindestens 2 Minuten köcheln lassen, ansonsten direkt in zwei Gläser füllen.
5. Komplett auskühlen lassen und mindestens 2 Stunden in den Kühlschrank stellen.
6. Zum Servieren Panna Cotta aus dem Glas auf einen Teller stürzen und nach Belieben mit Beeren oder Beerenpüree garnieren.

Tipp:

50 g Erdbeeren und 10 g Xylit pürieren und auf die Panna Cotta geben. Als farblicher Kontrast zum hellen Erdbeerpüree machen sich dunkle Brombeeren sehr gut.

TIRAMISU

8 Portionen
Pro Portion: 358 kcal / 12,7 g KH / 25,4 g F / 22,6 g P
Eine Auflaufform 20x15 cm

Für den Teig:
4 Eier
50 g Xylit
1 Prise Salz
100 ml Milch
100 g Mandelmehl
1 TL Backpulver
15 g Weizenkleber

Für die Creme:
200 ml Schlagsahne
1 Packung Sahnesteif
250 g Mascarpone
250 g Quark
50 g Xylit

Für das Finish:
½ Fläschchen Bittermandelaroma
½ TL Rosenwasser
3 EL Wasser
1 TL Xylit
2 Tassen kalter Espresso
20 g stark entöltes Kakaopulver (ungesüßt)

1. Backofen auf 180 °C Umluft vorheizen.
2. Eier trennen und Eiweiß mit 25 g Xylit und dem Salz in einer Schüssel steif schlagen.
3. Eigelb mit 25 g Xylit und der Milch in einer zweiten Schüssel cremig schlagen.
4. Mandelmehl, Backpulver und Weizenkleber unterrühren. Eischnee unterheben.

5. Den Teig auf einem mit Backpapier ausgelegten Backblech zu einem großen Rechteck verteilen (ca. 40x20 cm). Blech in den Ofen schieben und Teig unter ständiger Kontrolle höchstens 10 Minuten backen und herausnehmen, bevor die Oberfläche braun wird. Danach mit einem feuchten Küchentuch bedecken und auskühlen lassen.

6. Für die Creme die Sahne mit dem Sahnesteif in einer Schüssel steif schlagen.

7. Mascarpone und Quark mit dem Xylit in einer zweiten Schüssel cremig rühren. Steife Sahne unterheben. Die Creme kühl stellen, bis der Biskuitteig abgekühlt ist.

8. Den Biskuit in drei gleich große Teile schneiden und einen davon in die Auflaufform legen. Mandelaroma, Rosenwasser, Wasser und Xylit in einer Schüssel vermengen und damit die erste Schicht Biskuit beträufeln.

9. Eine zweite Schicht Biskuit in die Form legen, mit dem Espresso beträufeln und darauf die Hälfte der Creme verteilen. Mit dem letzten Biskuit bedecken und darauf die restliche Creme geben.

10. Zum Schluss das Kakaopulver durch ein Sieb auf die Creme streuen.

11. Tiramisu mindestens 2 Stunden kalt stellen.

MILCHREIS MIT SHIRATAKI-REIS

2 Portionen
Pro Portion: 167 kcal / 7,5 g KH / 9,7 g F / 4,8 g P

250 g Shirataki-Reis
1 TL Johannisbrotkernmehl
200 ml Milch
50 ml Sahne
20 g Erythrit
1 Msp. Vanillepulver
1 TL Zimt
evtl. Kokosflocken und noch etwas Zimt zum Bestreuen

1. Den Shirataki-Reis in ein Sieb füllen und unter kaltem Wasser abspülen, gut abtropfen lassen und in einer Pfanne scharf anbraten.

2. Währenddessen das Johannisbrotkernmehl in einer Schüssel mit Milch, Sahne, Erythrit, Vanille und Zimt vermengen, anschließend unter den Reis mischen und einkochen lassen.

3. Den fertigen Milchreis in einem Schälchen servieren und mit Kokosflocken und Zimt bestreuen.

Tipp:

Dazu schmeckt Obst der Saison oder Obstpüree aus z.B. 30 g Beeren und 10 g Erythrit.

MILCHREIS AUS HÜTTENKÄSE

1 Portion
Pro Portion: 218 kcal / 7,6 g KH / 9,3 g F / 24,6 g P

200 g Hüttenkäse
15 g Erythrit
1 TL Zimt
1 Msp. Vanillepulver

optional Zimt zum Bestreuen und Beeren als Topping

Alle Zutaten in einer Schüssel gut miteinander vermengen. Milchreis nach Belieben mit Zimt und Beeren garnieren und genießen.

Tipp:

Mit Fruchtpüree oder -sauce und Obst nach Wahl lassen sich schnell Varianten zaubern.

MOUSSE AU CHOCOLAT

2 kleine Portionen
Pro Portion: 433 kcal / 8,8 g KH / 35,7 g F / 6,1 g P

1 Eigelb
200 ml Kokosmilch
etwas Vanillepulver
2 EL Puder-Xylit
60 g Schokolade (mindestens 80 % Kakao-Anteil)

1. Das Eigelb in einem Topf mit der Kokosmilch verquirlen und dann unter Rühren erhitzen (nicht kochen, denn das Eigelb darf nicht stocken).

2. Nach einiger Zeit Vanille und Xylit hinzugeben.

3. Schokolade klein raspeln, in eine Schüssel geben und mit der warmen Kokosmilch begießen. 1 Minute schmelzen lassen und dann Mousse mit dem Schneebesen verrühren.

4. Die fertige Mousse au Chocolat in Gläschen füllen, abkühlen lassen und mindestens 1 Stunde in den Kühlschrank stellen.

SCHOKOLADENPUDDING MIT SAHNE UND BEEREN

2 Portionen
Pro Portion: 401 kcal / 8,6 g KH / 36,1 g F / 5,6 g P

2 reife Avocados (ca. 200 g)

1 EL flüssiges Kokosöl

2 EL stark entöltes Kakaopulver (ungesüßt)

5 EL Puder-Erythrit

100 ml Sahne

1 Prise Salz

½ TL gemahlene Vanille

100 g Himbeeren

1. Die Avocados halbieren, den Stein entfernen, das Fruchtfleisch auslöffeln und in ein hohes Rührgefäß geben.

2. Kokosöl, Kakaopulver und 4 EL Puder-Erythrit dazugeben und alles mithilfe eines Pürierstabs zu einem cremigen Pudding pürieren. Diesen in zwei Gläser füllen und 30 Minuten kalt stellen.

3. Die Sahne in einer Schüssel mit dem Salz steif schlagen. 1 EL Puder-Erythrit untermengen und die steife Sahne auf den Pudding geben.

4. Mit gemahlener Vanille und Himbeeren garniert servieren.

KUCHEN UND TORTEN

MARMORKUCHEN

Pro Stück: 227 kcal / 2,3 g KH / 17,5 g F / 13,5 g P

180 g Butter
200 g Erythrit
3 Eier
280 g Mandelmehl
20 g Weizenkleber
¼ TL gemahlene Vanille
2 TL Backpulver
100 g Buttermilch
4 EL stark entöltes Kakaopulver (ungesüßt)

etwas Butter zum Einfetten

Gugelhupfform, 25 cm

1. Den Backofen auf 160 °C Umluft vorheizen.

2. Die Butter in einer Schüssel mit dem Erythrit schaumig rühren.

3. Die Eier nach und nach dazugeben und Masse cremig rühren.

4. Mandelmehl, Weizenkleber, Vanille und Backpulver in einer Schüssel miteinander vermischen und nach und nach und im Wechsel mit der Buttermilch in die Butter-Ei-Masse rühren, bis ein glatter Teig entstanden ist. Gegebenenfalls mehr Buttermilch verwenden, wenn der Teig zu fest ist.

5. Nun den Teig in 2 Portionen teilen und in einen Teil den Kakao einrühren.

6. Anschließend zuerst den hellen Teig, danach den dunklen in eine leicht gefettete Gugelhupfform füllen. Mit einer Gabel in kreisenden Bewegungen das Marmormuster in den Teig ziehen.

7. Kuchen in den Ofen geben und ca. 35–45 Minuten backen. Per Stäbchenprobe testen, ob der Kuchen fertig ist.

BIENENSTICH

10 Stücke
Pro Stück: 419 kcal / 4,6 g KH / 37,5 g F / 10,9 P

Für den Teig:
4 Eier
1 Vanilleschote
90 g Puder-Erythrit
30 g Joghurt (10 % Fett)
200 g gemahlene Mandeln oder Mandelmehl
½ TL Weinsteinbackpulver

Für die Vanillecreme:
150 g Butter
1 Vanilleschote
25 g Puder-Erythrit
20 g brauner Xucker*
1 Prise Salz
100 ml Sahne
1 EL gemahlene Mandeln oder Mandelmehl
1 gestrichener TL Guarkernmehl

Für die Mandelkruste:
130 g Mandelplättchen
30 g brauner Xucker*
1 EL Butter

1. Backofen auf 190 °C Umluft vorheizen.
2. Eier trennen und das Eiweiß in einer Schüssel steif schlagen.
3. Vanilleschote mit einem Messer längs aufschneiden und das Mark herauskratzen. Eigelb, Puder-Erythrit, Vanillemark und Joghurt in einer großen Schüssel gut verrühren.
4. Mandeln oder Mandelmehl mit Weinsteinbackpulver vermengen und unter die Ei-Joghurt-Masse geben. Den Eischnee unterheben und alles gut vermengen.

5. Ein tiefes Backblech mit Backpapier auslegen. Den Teig hineingeben, glatt streichen und 20 Minuten im Ofen backen. Danach mit Alufolie abdecken und weitere 25 Minuten backen. Aus dem Ofen nehmen und gut abkühlen lassen.

6. Währenddessen für die Vanillecreme die Butter mit dem Mark einer Vanilleschote, Puder-Erythrit, braunem Xucker und Salz schaumig rühren.

7. Die Sahne in einem Topf erhitzen und nach und nach die gemahlenen Mandeln oder das Mandelmehl und das Guarkernmehl unterrühren.

8. Die Sahne abkühlen lassen und dann zur aufgeschlagenen Butter geben. Gut verrühren und kalt stellen.

9. Den abgekühlten Boden mithilfe eines Kuchenmessers oder eines Fadens halbieren und vorsichtig den oberen Boden abnehmen.

10. Die Buttercreme auf dem unteren Boden verteilen und den abgenommenen Boden wieder auflegen.

11. Für die Mandelkruste die Mandeln in einer Pfanne ohne Fett anbräunen. Den braunen Xucker dazugeben und unter ständigem Rühren auflösen lassen.

12. Butter dazugeben, schmelzen lassen und verrühren. Die noch warmen Mandeln auf dem Kuchen verteilen.

13. Bienenstich vor dem Servieren 1 Stunde im Kühlschrank auskühlen lassen.

* Das ist ein spezielles Angebot der Firma Xucker. Diese Süße ist dem braunen Zucker nachempfunden. Man kann aber auch die gleiche Menge Xylit verwenden. Wer Kokosblütenzucker zu Hause hat, kann davon noch 1 TL dazumischen, das sorgt auch für eine karamellige Note.

KÄSESAHNETORTE

12 Stücke
Pro Stück: 347 kcal / 8,1 g KH / 20,1 g F / 18,8 g P

Für den Teig:
5 Eier
130 g Xylit
3 EL warmes Wasser
1 Fläschchen Zitronenaroma
100 g gemahlene Mandeln
20 g neutrales Eiweißpulver
1 Päckchen Backpulver
etwas Butter zum Einfetten

Für die Creme:
2 Päckchen gemahlene Gelatine
150 ml Wasser
1 kg Quark
120 g Xylit
500 g Sahne

Für das Topping:
300 g Beeren, z. B. Erdbeeren und Heidelbeeren

Springform, ca. 24 cm
Tortenring

1. Den Backofen auf 175 °C Umluft vorheizen.

2. Die Eier trennen. Das Eiweiß mit ⅔ des Xylits in einer Schüssel steif schlagen.

3. Das Eigelb mit dem restlichen Xylit, dem Wasser und dem Zitronenaroma in einer zweiten Schüssel schaumig rühren.

4. In einer weiteren Schüssel die Mandeln mit dem Eiweißpulver und dem Backpulver vermengen.

5. Den Eischnee unter die Eigelbmasse heben. Dann löffelweise das Mandelgemisch einrühren, bis ein homogener Teig entsteht.

6. Den Teig in eine eingefettete Springform geben und ca. 30 Minuten im Ofen backen. Aber darauf achten, dass der Kuchen nicht zu dunkel wird.

7. Den Biskuit im Backofen abkühlen lassen, dann Form aus dem Ofen nehmen, Kuchen aus der Springform lösen und einen Tortenring umlegen.

8. Nun die Creme zubereiten. Dafür die Gelatine in einer Schüssel in dem Wasser einweichen und 10 Minuten quellen lassen.

9. Den Quark in einer Schüssel mit dem Xylit vermischen.

10. Die Gelatine über einem heißen Wasserbad auflösen. Dann mit 4 EL Quark verquirlen. Die Gelatine-Masse schnell in den restlichen Quark einrühren, sodass eine homogene Masse entsteht.

11. Jetzt die Sahne steif schlagen und in das Quark-Gemisch einrühren.

12. Die Creme auf den Biskuit streichen und Kuchen mehrere Stunden in den Kühlschrank geben.

13. Vor dem Servieren Beeren waschen und trocken tupfen. Wenn die Creme fest geworden ist, kann der Kuchen mit den Beeren belegt und der Tortenring gelöst werden.

SCHWARZWÄLDER KIRSCHTORTE

8 Stücke
Pro Stück: 257 kcal / 10,1 g KH / 14,8 g F / 17,2 g P

Für den Teig:
160 g gemahlene Mandeln
40 g stark entöltes Kakaopulver (ungesüßt)
6 g Backpulver
110 g Erythrit
300 g Zucchini
4 Eier
etwas Butter zum Einfetten

Für die Creme:
550 g Frischkäse (alternativ Schlagsahne)
100 g Erythrit/Süßstoff nach Bedarf
Vanillearoma oder Mark einer frischen Vanilleschote
200 g Sauerkirschen (TK oder aus dem Glas, am besten ungesüßt)

Für das Finish:
einige Kirschen (frisch oder aus dem Glas)
Backkakao oder geraspelte Low-Carb-Schokolade oder dunkle Schokolade (80 % Kakao-Anteil)

Springform, 18 cm
Tortenring

1. Den Backofen auf 200 °C Umluft vorheizen.
2. Die trockenen Zutaten für den Kuchenteig in einer Schüssel miteinander vermischen.
3. Die Zucchini putzen, waschen und raspeln. Mit den Eiern zum Teig geben und alles gut vermischen.

4. Die Springform einfetten, den Teig einfüllen und 45 Minuten im Ofen backen. Nach 20 Minuten den Kuchen mit Alufolie abdecken, damit er nicht zu dunkel wird.

5. Sobald der Kuchen fertig gebacken ist, aus dem Ofen nehmen und gut auskühlen lassen. Dann Kuchen aus der Springform lösen und in 3 gleich dicke Böden schneiden.

6. Währenddessen die Creme zubereiten. Alle Zutaten bis auf die Sauerkirschen in einer Schüssel gut verrühren und kühl stellen.

7. Die Sauerkirschen in ein Sieb geben und abtropfen lassen.

8. Einen Teigboden auf eine Kuchenplatte setzen und mit dem Tortenring umschließen. ⅓ der Creme daraufstreichen. Nun die Sauerkirschen gleichmäßig darauf verteilen und leicht andrücken.

9. Den zweiten Kuchenboden aufsetzen und wiederum mit ⅓ der Creme bestreichen.

10. Den dritten Kuchenboden auflegen und die letzte Creme-Schicht auftragen.

11. Zur Dekoration Kirschen auf dem Kuchen verteilen (auf jedem Stück 1 Kirsche) und Backkakao oder geraspelte dunkle Schokolade oder Low-Carb-Schokolade auf die Creme streuen.

SÜSSE RIEGEL, KEKSE UND TEILCHEN

SCHOKOKEKSE MIT LECKERER CREME-FÜLLUNG

12 Kekse
Pro Keks: 132 kcal / 0,8 g KH / 9,8 g F / 4,3 g P

Für den Teig:
80 g weiche Butter
50 g stark entöltes Kakaopulver (ungesüßt)
50 g Puder-Erythrit
1 Prise Salz
½ Vanilleschote
40 g Mandelmehl
30 g neutrales Proteinpulver

Für die Füllung:
40 g Butter
60 g Puder-Erythrit

runde Ausstechform

1. Die Butter in einer Schüssel schaumig rühren. Anschließend die restlichen Zutaten für den Teig hinzugeben und gut verrühren.

2. Den Teig in Folie einwickeln und für 60 Minuten in den Kühlschrank geben.

3. Nach der Kühlzeit herausnehmen und 15 Minuten bei Zimmertemperatur ruhen lassen. Währenddessen den Ofen auf 175 °C Umluft vorheizen.

4. Den Teig zwischen 2 Backpapieren ca. 0,5 cm dick ausrollen und runde Kekse ausstechen. Diese auf ein mit Backpapier ausgelegtes Backblech legen und 10–12 Minuten im Ofen backen.

5. Für die Füllung die Butter in einer Schüssel mit dem Puder-Erythrit schaumig schlagen.

6. Sobald die Kekse abgekühlt sind, jeweils auf einen Keks etwas Füllung aufstreichen und einen zweiten Keks daraufsetzen und vorsichtig andrücken.

Tipp:

Mit Keksstempeln kann man den Keksen noch sein ganz persönliches Muster aufdrücken. Der berühmteste Keks dieser Art ist übrigens unter dem Namen »Oreo« bekannt.

SCHOKO-KOKOS-RIEGEL

8 Riegel
Pro Riegel: 228 kcal / 4,3 g KH / 20,8 g F / 2,4 g P

Für die Riegel:
120 g Kokosraspel
120 ml Kokosmilch
1–2 EL Xylit
½ TL Vanillepulver

Für die Glasur:
120 g Schokolade
(mindestens 85 % Kakao-Anteil)
1 TL Kokosöl

optional noch ein paar Kokosraspeln zum Bestreuen

1. In einer Schüssel die Kokosraspel mit der Kokosmilch, dem Xylit und dem Vanillepulver vermischen.

2. Nun die Masse in etwa 8 gleich große Portionen aufteilen und mit den Händen daraus längliche Riegel formen, indem man die Masse gut zusammendrückt.

3. Die Riegel auf einem Teller platzieren und für etwa ½ Stunde in den Kühlschrank stellen.

4. Währenddessen die Schokoladenglasur vorbereiten. Dazu die Schokolade in kleine Stücke zerbrechen, in eine Schüssel geben und im Wasserbad schmelzen lassen. Das Kokosöl unterrühren.

5. Nun die Riegel wieder aus dem Kühlschrank holen. Einen Riegel vorsichtig auf eine Gabel legen, über die geschmolzene Schokolade halten und mithilfe eines Löffels immer wieder mit der Schokolade übergießen, bis der Riegel rundum mit der Glasur bedeckt ist. Den fertigen Riegel anschließend auf einen Teller legen und mit den anderen Riegeln ebenso verfahren.

6. Falls gewünscht, kann man die Riegel noch mit Kokosraspeln bestreuen, solange die Schokolade noch nicht hart ist.

7. Anschließend die Riegel für mehrere Stunden in den Kühlschrank stellen, bis die Schokolade komplett gehärtet ist.

RUMKUGELN

Ca. 35 Kugeln
Pro Kugel: 74 kcal / 3,4 g KH / 6,3 g F / 1,4 g P / 9 g Alkohol

250 g Mascarpone
25 g stark entöltes Kakaopulver (ungesüßt)
200 g gemahlene Haselnüsse oder Mandeln
1 Schnapsglas Rum
Süße nach Geschmack, zum Beispiel 3 EL Xylit
Kakaopulver zum Wälzen

1. Den Mascarpone mit dem Kakaopulver, den Nüssen oder Mandeln sowie dem Rum in einer Schüssel vermengen und gut verkneten. Mit Xylit abschmecken.

2. Aus der Masse etwa 35 Kugeln formen und diese ½ Stunde in den Kühlschrank geben.

3. Danach Kakaopulver auf einen Teller streuen und die Rumkugeln darin wälzen.

4. Bis zum Servieren am besten im Kühlschrank lagern.

Tipp:

Wer mag, kann die Kugeln auch in Schokoraspeln wälzen. Dafür Low-Carb-Schokolade oder dunkle Schokolade (mindestens 80 % Kakao-Anteil) verwenden. Auch Kokosraspel schmecken gut dazu.
Wer keinen Alkohol nehmen möchte, kann ihn durch Rumaroma ersetzen (ca. 1 Röhrchen).

SCHOKOHÖRNCHEN

16 Hörnchen
Pro Hörnchen: 143 kcal / 3,4 g KH / 9,2 g F / 11,2 g P

250 ml Milch + 100 ml zum Bestreichen

1 TL Honig

1 Päckchen Trockenhefe

100 g Gluten

150 g Mandelmehl

30 g Kokosmehl

70 g weiche Butter

1 Prise Salz

50–100 g Low-Carb-Nuss-Nougat-Creme oder geraspelte Schokolade (mindestens 90 % Kakao-Anteil, mit 1 TL Xylit gemischt)

1 Eigelb

optional Puder-Erythrit zum Bestreuen

1. 250 ml Milch in einem Topf lauwarm erwärmen, Honig dazugeben, dann die Hefe einrühren und alles 10 Minuten ruhen lassen.

2. Währenddessen das Gluten in einer Schüssel mit dem Mandelmehl und dem Kokosmehl vermengen. Dann die weiche Butter hinzugeben.

3. Das Milch-Hefe-Gemisch in die Schüssel geben und alles gut durchkneten, dann noch das Salz hinzufügen.

4. Wenn ein glatter, formbarer Teig entstanden ist, die Schüssel mit einem Tuch abdecken und Teig an einem warmen Ort mindestens 1 Stunde ruhen lassen.

5. Den Backofen auf 180° Umluft vorheizen.

6. Nach der Ruhezeit den Teig kurz durchkneten und in 2 Portionen teilen.

7. Die Teigportionen jeweils auf einem Backpapier ausrollen und mit einem großen Topfdeckel als Vorlage jeweils 1 Kreis ausschneiden.

8. Jeden Kreis in 8 Teile schneiden.

9. An der breiten Seite einer Teigecke etwas von der Nuss-Nougat-Creme oder Schokolade verteilen. Aber nicht zu viel, da es sonst herausläuft. Dann Teigecke von der breiten Seite zur Spitze rollen. Die Enden etwas einbiegen und das Hörnchen auf ein mit Backpapier ausgelegtes Backblech legen.

10. Diesen Vorgang wiederholen, bis alle Hörnchen fertig sind.

11. Die 100 ml Milch mit dem Eigelb verquirlen und mit einem Pinsel auf die Hörnchen streichen.

12. Die Schokohörnchen nun ca. 15 Minuten im Backofen backen. Wenn die Hörnchen goldbraun sind, aus dem Ofen holen und abkühlen lassen. Wer möchte, kann noch etwas Puder-Erythrit darüberstreuen.

KOKOS-MANDEL-BÄLLCHEN

15 Kugeln
Pro Kugel: 141 kcal / 0,6 g KH / 14,3 g F / 1,1 g P

130 g festes Kokosöl

70 g Mascarpone

70 ml Kokosmilch

30 g weißes Mandelmus

2–3 EL Xylit, je nach gewünschter Süße

15 blanchierte Mandeln

40 g Kokosraspel

1. Alle Zutaten bis auf die Kokosraspeln in einer Schüssel gut vermischen. Die entstandene Masse etwa 10 Minuten in den Kühlschrank stellen.

2. Anschließend mit den Händen aus der leicht erhärteten Masse 15 Kugeln formen. Dabei in die Mitte jeder Kugel eine Mandel stecken. Sollte die Masse zu weich werden, einfach noch einmal für einige Minuten in den Kühlschrank stellen.

3. Die Kokosraspeln auf einem kleinen Teller verteilen und die Kugeln darin wälzen.

4. Die fertigen Kokos-Mandel-Kugeln lassen sich einige Tage im Kühlschrank aufbewahren.

Info:

Vom Sommer träumen kann man nicht nur mit »Raffaelo«, sondern auch mit diesen leckeren Kokos-Mandel-Bällchen.

SCHOKO-KNUSPER-FLAKES

Ca. 16 Stück
Pro Stück: 82 kcal / 2,1 g KH / 6,6 g F / 3,4 g P

80 g Sojaflocken
100 g Zartbitterschokolade (mindestens 85 % Kakao-Anteil)
15 g Butter
20 g Xylit
50 g Mandelstifte

1. Die Sojaflocken in einer Pfanne ohne Öl bei mittlerer Hitze rösten.
2. Währenddessen die Schokolade, Butter und Xylit in eine Schüssel geben und im Wasserbad schmelzen.
3. Die fertig gerösteten Sojaflocken mit den Mandelstiften in einer Schale vermengen und anschließend die geschmolzenen Zutaten ebenfalls in die Schale geben und alle Zutaten gut vermischen.
4. Mit einem Löffel aus der Masse kleine Haufen abstechen und auf ein Backpapier setzen. Mindestens 2 Stunden in den Kühlschrank stellen.

Info:

Für Fans von »Schoko-Crossies« sind diese Schoko-Knusper-Flakes eine tolle Low-Carb-Alternative.

NUSSECKEN

8 Stück
Pro Stück: 405 kcal / 8 g KH / 36 g F / 12,3 g P

Für das Püree:
75 g Aprikosen
20 g Erythrit (ggf. Geliererythrit oder etwas Agar-Agar hinzufügen)

Für den Teig:
1 Ei
50 g Butter
70 g Erythrit
130 g Mandelmehl
20 g Kokosmehl

Für den Belag:
100 g Butter
100 g Erythrit
100 g gehackte Haselnüsse
100 g gehackte Mandeln
2 EL Wasser

Für den Guss:
70 g zuckerfreie Zartbitterschokolade

1. Die Aprikosen waschen, entkernen, klein würfeln und in einem Topf erwärmen. Erst etwas einkochen lassen, dann pürieren und anschließend das Erythrit hinzugeben.

2. Noch mal kurz aufkochen, dabei gut umrühren. Es sollte eine zähflüssige Masse entstehen, ansonsten etwas Geliererythrit oder Agar-Agar hinzufügen oder einfach noch etwas länger einkochen. Dann Masse beiseitestellen.

3. Den Backofen auf 175 °C Umluft vorheizen.

4. Nun einen Mürbeteig herstellen. Dafür Ei, kalte Butter, Erythrit, Mandel- und Kokosmehl in einer Schüssel zügig miteinander verkneten.

5. Den Teig auf einem mit Backpapier belegten Backblech mit den Händen zu einem Quadrat (24x24 cm) formen und andrücken.

6. Darauf nun das Aprikosenpüree verteilen.

7. Für den Belag die Butter mit dem Erythrit in einem Topf erhitzen, bis das Erythrit sich vollständig mit der Butter verbunden hat.

8. Die Nüsse, Mandeln und das Wasser hinzufügen und alles gut verrühren.

9. Den Belag auf dem Mürbeteig verteilen und den Teig 15–20 Minuten im Ofen backen.

10. Blech aus dem Ofen nehmen, Teig etwas abkühlen lassen, aber noch im warmen Zustand in die richtige Form schneiden. Dafür das Quadrat vierteln und anschließend jedes kleine Quadrat halbieren.

11. Wenn die Nussecken vollständig abgekühlt sind, kann der Guss aufgetragen werden. Dazu die Schokolade zerkleinern, in eine Schüssel geben und in einem Wasserbad schmelzen. Jede Nussecke an den Enden der langen Seite in die flüssige Schokolade tauchen, abtropfen lassen und zum Trocknen auf Backpapier legen.

MILCHCREMESCHNITTEN

5 Stück
Pro Stück: 151 kcal / 2,9 g KH / 9,2 g F / 11,5 g P

Für den Teig:
2 Eier
30 g Erythrit
95 ml Milch
20 g Kokosmehl
60 g Mandelmehl
10 g Weizenkleber
10 g stark entöltes Kakaopulver (ungesüßt)

Für die Creme:
1 Blatt Gelatine
75 ml Schlagsahne
15 g Erythrit
¼ TL gemahlene Vanille

1. Die Eier trennen, das Eiweiß in einer Schüssel mit dem Erythrit steif schlagen.

2. Eigelb mit Milch in einer zweiten Schüssel cremig schlagen und anschließend Kokos-, Mandelmehl, Weizenkleber und Kakao unterrühren. Zum Schluss den Eischnee vorsichtig unterheben.

3. Ein großes Backblech mit Backpapier belegen. Den Teig darauf zu einem gleichmäßigen Viereck (ca. 24x23 cm) verstreichen.

4. Blech in den Ofen schieben und Teig 7–8 Minuten backen, bis der Boden gerade so durch ist. Den Boden dann komplett abkühlen lassen. Anschließend den Rand auf allen vier Seiten abschneiden, sodass gerade Kanten entstehen. Danach Boden in 10 etwa 11 x 4,5 cm große Stücke schneiden.

5. Für die Creme die Gelatine in Wasser einweichen.

6. Sahne mit dem Erythrit und der Vanille in einer Schüssel steif schlagen.

7. Die eingeweichte Gelatine auswringen und in einem Topf erhitzen, bis sie geschmolzen ist. Gelatine vorsichtig in die Sahne einrühren.

8. Danach Creme am besten mit einem Spritzbeutel auf 5 Böden verteilen, jeweils einen Boden daraufsetzen und leicht andrücken.

9. Bis zum Servieren mindestens 2 Stunden kühl stellen.

Info:

Bei diesem Rezept wurde die »Milchschnitte« neu interpretiert.

WEIHNACHTLICH

MARZIPANKARTOFFELN

40 Stück
Pro Stück: 32 kcal / 0,3 g KH / 2,7 g F / 1,25 g P

200 g ungeschälte Mandeln
200 Puder-Erythrit
½ TL Rosenwasser
2 TL lauwarmes Wasser
2 TL stark entöltes Kakaopulver (ungesüßt)

1. Die Mandeln in eine Schüssel geben, mit kochendem Wasser bedecken und 3 Minuten einweichen lassen. Anschließend gut abtropfen lassen und auf ein sauberes Geschirrtuch geben. Das Tuch über die Mandeln klappen und mit den Händen darüber rubbeln, sodass sich die Schalen lösen.

2. Die geschälten Mandeln in einen Zerkleinerer oder Mixer geben und so lange mahlen, bis sich kleine Klümpchen bilden.

3. Das Mandelmehl nun auf eine saubere Arbeitsfläche geben, Erythrit, Rosenwasser und Wasser daraufgeben und alles so lange kneten, bis eine schöne Marzipanmasse entsteht. Aus der Masse ca. 40 Kugeln formen.

4. Kakaopulver auf einen Teller geben und Kugeln darin wälzen. Marzipankartoffeln in ein Sieb geben und den überschüssigen Kakao abklopfen.

LEBKUCHEN

Pro Stück: 297 kcal / 23 g F / 4,2 g KH / 8,9 g P

Für die Lebkuchen:
120 g Xylit
2 Eier
4 TL Lebkuchengewürz
½ TL Vanillepulver
1 Prise Salz
200 g gemahlene Mandeln
70 g gehackte Mandeln
Abrieb einer Bio-Zitrone

Für die Glasur:
120 g Schokolade (mindestens 85% Kakao-Anteil, glutenfrei)
1 TL Kokosöl

optional einige blanchierte Mandelhälften

1. Den Backofen auf 180 °C Ober-/Unterhitze vorheizen.
2. Xylit und Eier in einer großen Schüssel schaumig schlagen.
3. Die Gewürze, gemahlene und gehackte Mandeln sowie den Zitronenabrieb dazugeben und alles sorgfältig verrühren.
4. Ein Backblech mit Backpapier auslegen und aus der Lebkuchenmasse etwa 10 gleich große Kugeln formen. Die Kugeln auf das Backpapier legen und platt drücken, bis sie die Form eines runden Lebkuchens mit dem Durchmesser von etwa 10 cm haben.
5. Anschließend die Lebkuchen 20–25 Minuten im Ofen backen, bis sie leicht gebräunt sind. Aus dem Ofen nehmen und komplett auskühlen lassen.
6. Währenddessen die Schokoladenglasur vorbereiten. Dazu die Schokolade in Stücke brechen, in eine Schüssel geben, im Wasserbad schmelzen und mit dem Kokosöl verrühren.
7. Nun die Oberflächen und Ränder der Lebkuchen mit der Schokoladenglasur bepinseln.
8. Die Lebkuchen mit den Mandeln verzieren und die Glasur erkalten lassen.
9. Die Lebkuchen in einer luftdichten Dose aufbewahren.

GEBRANNTE MANDELN

Ca. 200 g
Pro 50-g-Portion: 350 kcal / 3,2 g KH / 31,7 g F / 10,6 g P

200 g Mandeln
20 g Butter oder Kokosöl
1 TL Zimt
1 TL Spekulatiusgewürz
1 TL Lebkuchengewürz
90 g Erythrit

1. Die Mandeln in eine Pfanne ohne Fett geben und bei mittlerer Hitze anrösten.

2. Nach ca. 5 Minuten die Butter oder das Kokosöl und die Gewürze hinzufügen. Ständig umrühren, damit nichts anbrennt.

3. Nun das Erythrit gleichmäßig über die gesamte Masse in der Pfanne verteilen und zum Schmelzen bringen.

4. Die Mandelmasse weitere 5 Minuten bei mittlerer Hitze und unter ständigem Umrühren anbraten. Danach auf ein Backpapier verteilen und abkühlen lassen.

Tipp:

Auch andere Nusssorten eignen sich dafür, zum Beispiel Haselnüsse oder Cashewkerne.

VANILLEKIPFERL

Ca. 70 Stück
Pro Stück: 53 kcal / 0,8 g KH / 4,2 g F / 2,13 g P

250 g Mandelmehl
1 TL Backpulver
200 g weiche Butter
120 g gemahlene Mandeln
120 g Xylit
5 Eigelbe
1 ½TL Vanillepulver
40 g Puder-Xylit zum Bestreuen

1. Das Mandelmehl mit dem Backpulver in einer Schüssel mischen.
2. Die restlichen Zutaten – bis auf das Puder-Xylit – hinzufügen und alles zu einem glatten Teig verkneten. Den Teig zu einer Rolle formen, in Folie wickeln und für 30 Minuten in den Kühlschrank stellen.
3. Den Backofen auf 180 °C Ober-/Unterhitze vorheizen.
4. Die Teigrolle wieder aus dem Kühlschrank nehmen, in mehrere Portionen teilen und diese so lange rollen, bis sich etwa zeigefingerdicke Teigrollen ergeben. Diese in etwa 4 cm lange Stücke schneiden, die Enden etwas dünner rollen und leicht einbiegen. Kipferl auf mit Backpapier ausgelegte Backbleche legen und jeweils etwa 8–10 Minuten im Ofen backen.
5. Die Kipferl sind fertig, wenn sie sich ganz leicht zu bräunen beginnen – es ist normal, wenn sie sich noch etwas weich anfühlen, beim Auskühlen auf dem heißen Backblech werden sie fest.
6. Puder-Xylit in ein kleines Sieb geben und über die abgekühlten Kipferl streuen.

Tipp:

Wer ein Vanillekipferl-Blech besitzt, bekommt besonders gleichmäßig geformte Kipferl.

BUTTERKEKSRINGE

Ca. 30 Stück
Pro Stück: 69 kcal / 0,4 g KH / 6,4 g F / 2,5 g P

170 g weiche Butter
100 g Puder-Xylit
3 Tropfen Butter-Vanille-Aroma
1 Eiweiß
170 g Mandelmehl
2 TL Guarkernmehl
100 ml Sahne
2 EL Wasser

1. Ofen auf 170 °C Umluft vorheizen.

2. Die weiche Butter in einer Schüssel schaumig schlagen.

3. Puder-Xylit, Butter-Vanille-Aroma und das Eiweiß dazugeben und alles 2 Minuten sehr gut verrühren.

4. Mandelmehl mit Guarkernmehl mischen und mit der Sahne und dem Wasser zu der Buttermischung geben und gut verrühren.

5. Den Teig in einen Spritzbeutel füllen und damit Ringe auf ein mit Backpapier belegtes Backblech spritzen.

6. Blech in den Ofen schieben, Ringe 5 Minuten backen, danach mit Alufolie abdecken und ca. 30 Minuten weiterbacken.

Bezugsquellen

Empfehlungen für die Low-Carb-Küche
Süßes ohne Zucker. **Xucker** bietet ein breites Low-Carb-Sortiment an Süßungsmitteln, Schokoladen, Fruchtaufstrichen, Gummitieren und anderen Produkten auf Basis von Xylit und Erythrit: **www.xucker.de**

Dr. Almond – Low-Carb- und glutenfreie Backmischungen für Brote, Kuchen und Pizza, Low-Carb-Mehle, Erythrit, Aufstriche, Nussmuse, Bio-Kokosprodukte, Zutaten und Rezepte für Low-Carb-Schokolade u.v.m.: **https://lowcarb-glutenfrei.com/**

Online-Kurse zum Thema Low-Carb und gesunde Ernährung: Low-Carb-Basics, Abnehmen mit Low-Carb, 5-Elemente-Ernährung der TCM, Ketogene Ernährung, 30-Tage-RESET, Ernährung bei Autoimmunerkrankungen. 20 % Rabatt mit Aktionscode »lowcarb« unter: **http://lowcarb-ketogen.de/**

Natürlich angebauter Matcha-Tee zum Backen, Kochen, für Smoothies und mehr: **www.ambivitalis.de/matcha-tee/**

Ist die Low-Carb-Ernährung das Richtige für mich?
Abnehmen und gesund ernähren – ganz individuell nach den Genen. Mehr Informationen zu den Genanalysen von DNAnutriControl gibt es unter: **www.dnanutri-control.com/**

Über die Autorin

Veronika Pichl ist die Gründerin des Abnehmguru-Verlags, zu finden unter **www.abnehmguru.de**. Die Autorin schreibt praktische und hilfreiche Ratgeber zu den Themen Abnehmen, Ernährung, Bewegung und Glücklichsein. Zahlreiche nützliche und erprobte Tipps und abwechslungsreiche Rezepte begleiten die Leser auf ihrem Weg zu einer positiven Veränderung. In ihrem Online-magazin **www.abnehmgurumagazin.de** gestalten die Leserinnen und Leser mit: Sie werden regelmäßig eingeladen, neue Produkte zu testen und ihre Erfahrungen mit der Community zu teilen.

Danksagung

Bianca zeigt mit ihrem Food-und-Fitness-Instagram-Account **@fitness_bianca** sowie auf ihrem Blog **www.biancazapatka.wordpress.com** anhand von schönen Fotografien, wie lecker, bewusst und ausgewogen man sich ernähren kann. Egal ob vegetarisch, mit Fleisch/Fisch und süß oder herzhaft. Hier sind garantiert für jeden verführerische Anregungen dabei!

Diana vom Blog **www.schwarzgrueneszebra.de** stellt auf ihrer Seite jede Woche leckere Low-Carb-Gerichte vor. Nicht nur schnelle Gerichte für jeden Tag, sondern auch Außergewöhnliches für die besonderen Momente oder den süßen Zahn. Ihr Motto lautet: Geht nicht, gibt's nicht!

Eileen von **www.veggieundvegan.de** teilt auf ihrem vegetarischen und veganen Blog Rezepte, Inspirationen und Nützliches aus der und für die Küche mit. Auf ihrer Instagram-Seite **@eileen_mo_** zeigt sie ihren Followern, wie ausgefallen die vegetarische Küche sein kann.

Auf **Karinas** Instagram-Account **karina.sowa** findet man nicht nur gesunde und vielfältige Rezeptideen, sondern auch sehenswerte Food-Fotos, die inspirieren und Lust auf mehr machen.

Katharina Clören – schnelle, gesunde Fitness-Küche für jedermann. Dass Leckereien gesund sein können und ausgewogen kochen auch in der Mikrowelle geht, das zeigt Katharina auf ihrem Fitness-Account bei Instagram **@squatsandpeanuts**.

@Leilajasmin_, auf Instagram bekannt, zeigt auf ihrem Account, dass man Essen auch ohne schlechtes Gewissen genießen kann. Selbst dann, wenn man auf seine Ernährung achten, gesund leben oder sogar etwas abnehmen möchte.

Nadin von **Fitnessfood4u** – healthy food for sporty people. In ihrem Blog **www.fitnessfood4u.de** und auf Facebook präsentiert sie gesunde Rezeptideen und wunderschöne Food-Fotos.

Ronja vom Online-Magazin Food'n'Photo zeigt, dass auch das Auge mitisst. Auf ihrem Blog **www.foodnphoto.de** und ihrem Instagram-Account **@miss_gruenkern** präsentiert sie leckere und gesunde Gerichte, die allein schon beim Ansehen Appetit machen.

Bild- und Rezeptnachweis

S. 38: Knuspermüsli (Rezept + Foto): Eileen Moser, veggieundvegan.de

S. 39: Kokos-Porridge (Rezept): Tina Plugge

S. 40–41: Buttertoast (Rezept + Foto): Veronika Pichl

S. 43–44: Burger (Rezept + Foto): Leila Jasmin, #leilajasmin_

S. 45: Chicken-Nuggets mit Curry-Dip (Rezept + Foto): Eileen Moser, veggieundvegan.de

S. 46–47: Burger-Rolle (Rezept + Foto): Bianca Zapatka, #fitness_bianca

S. 49: Zucchinilasagne (Rezept): Ronja Pfuhl, Food'n Photo, #miss_gruenkern

S. 50–51: Schnitzel mit Pommes (Rezept + Foto): Leila Jasmin, #leilajasmin_

S. 52: Kohlrabigratin (Rezept): Ronja Pfuhl, Food'n Photo, #miss_gruenkern

S. 53: Flammkuchen (Rezept): Karina Sowa #karina.goesfit

S. 54–55: Spaghetti bolognese (Rezept + Foto): Leila Jasmin, #leilajasmin_

S. 56–57: Käsespätzle mit Röstzwiebeln (Rezept): Eileen Moser, veggieundvegan.de

S. 58–59: Gnocchi mit fruchtiger Tomatensauce (Rezept + Foto): Eileen Moser, veggieundvegan.de

S. 60: Backcamembert (Rezept): Ronja Pfuhl, Food'n Photo, #miss_gruenkern

S. 61: Risotto (Rezept): Bianca Zapatka, #fitness_bianca

S. 62–63: Cannelloni (Rezept + Foto): Veronika Pichl

S. 65–66: Blumenkohlreis (zur Asiapfanne) (Rezept + Foto): Diana Ruchser, schwarzgrueneszebra.de

S. 67: Brokkolipüree (Rezept + Foto): Ronja Pfuhl, Food'n Photo, #miss_gruenkern

S. 68–69: Falscher Kartoffelsalat mit Putenbrust (Rezept + Foto): Eileen Moser, veggieundvegan.de

S. 70–71: Knödel (mit Rotwein-Gulasch) (Rezept + Foto): Eileen Moser, veggieundvegan.de

S. 75: Pizza mit Zucchiniboden (Rezept): Karina Sowa #karina.goesfit

S. 76–77: Pizza mit Thunfischboden (Rezept + Foto): Nadin Schatter, fitnessfood4u.de

S. 81: Pizzabrot (Rezept + Foto): Diana Ruchser, schwarzgrueneszebra.de

S. 82–83: Brötchen (Rezept + Foto): Miriam Matin

S. 84: Laugenbrötchen (Rezept + Foto): Diana Ruchser, schwarzgrueneszebra.de

S. 85: Brot (Rezept + Foto): Nadin Schatter, fitnessfood4u.de

S. 86–87: Bagels (Rezept+Foto): Katharina Clören, #squatsandpeanuts

S. 88–89: Gurkensushi (Rezept + Foto): Eileen Moser, veggieundvegan.de

S. 90–91: Sushi mit Blumenkohlreis (Rezept + Foto): Eileen Moser, veggieundvegan.de

S. 92–94: Sandwich-Baguette (Rezept+Foto): Karina Sowa #karina.goesfit

S. 95–97: Taco (Rezept + Foto): Diana Ruchser, schwarzgrueneszebra.de